CATALOGUE Des Livres IMPRIMÉS,

Ou dont il y a nombre chez BARBOU, Imprimeur-Libraire, rue & vis-à-vis la Grille des Mathurins.

À PARIS. 1766.

ORATORES, POETÆ, PHILOSOPHI.

Edition des Auteurs Latins, de format petit in-12, ornée de Planches, Vignettes, Culs de lampes, Fleurons, &c. gravés par M. Cochin, & autres Graveurs célèbres, que BARBOU continue d'imprimer. Il distribue à ce sujet un avis raisonné, & donnera chaque année un Auteur Latin dans le même goût.

POETÆ.

Catullus, Tibullus, Propertius & Corn. Gallus.
Lucretius.
Virgilius, 3 vol.
Horatius. 1763.
Juvenalis & Persius.
Phædri & Aviani Fabulæ.
Martialis Epigrammata 2 vol.
Bezæ, Mureti, J. Secundi, Bonefonii Juvenilia. 1757.
Sarcotis, Carmen, P. Malenio, 1757.   3 l. 15 f.
Plauti Comœdiæ, 3 vol. 1759.
Sarbievii (Casimiri) Carmina, 1759.   3 l. 15 f.
P. Ovidius Naso, 3 vol. *in-12* 1762.

A

HISTORICI.

Salluſtius. 1761.
Cornelius Nepos.
Eutropius.
Velleius Paterculus.
Cæſaris Commentaria, 2 vol. 1755.
Q. Curtius. 1757.
Cornelius Tacitus. 3 vol. 1760.
Selecta L. Ann. Senecæ Philoſophi opera, cum interp.
 gallica. in-12. 1761.   3 liv. 15 ſ.
Encomium Moriæ ab Eraſmo, in-8. 1765.
De Imitatione Chriſti Libri quatuor, ad octo manuſcrip-
 torum ac primarum editionum fidem caſtigati, & men-
 dis plus ſexcentis expurgati. Ex recenſione JOSEPHI
 VALART. Avec une Diſſertation ſur l'Auteur de l'Imita-
 tion. avec de belles fig. in-12. doré ſur tranche. 1764. 6 l.
Idem in-24. 1764. doré ſur tranche.   3 liv.
Le même Livre trad. par M. Valart, avec figures, doré
 ſur tranche. in-12. 1766.   6 l.

 Le prix de cette Collection, qui forme aujourd'hui 32
vol. réliés en veau, dorés ſur tranche, avec filets d'or ſur
le plat, eſt de 183 liv. Chaque vol. ſe vend 6 liv.

   On vend ſéparément les Figures.

 On a imprimé des Exempl. ſur du pap. d'Holl.

SUB PRÆLO.

Lucani Pharſalia.
Ciceronis Opera. Il y en a 9 vol. d'imprimé.
Commentaires de Céſar, lat. fr. 2 vol. in-12. form. des
 Auteurs Latins.
Novum Jeſu-Chriſti Teſtamentum.
Métamorphoſes d'Ovide, lat. & franç. in-12.
Grammaire générale, ou expoſition raiſonnée des Elé-
 ments néceſſaires du Langage, pour ſervir de fonde-
 ment à l'étude de toutes les Langues, par M. Bauzée,
 2 vol. in-8.

AUCTORES *ad usum Serenissimi Delphini, cum interpretatione ac notis*, in-4°.

Apuleius, per Julian. Floridum, 2 vol. *Paris.* 1688.
Ausonius, per Julian. Floridum. ex edit. & cum animadv. J. B. Souchai. 1730. *Paris.*
Aurelius Victor, per Annam Fabram. *Paris.* 1726.
Catullus, Tibullus & Propertius, per Phil. Silvium. *Paris.* 1685. 2 vol.
Ciceronis libri oratorii per J. Proust. *Paris.* 1687.
——— ejusdem orationes per Car. D. Merouville. 3 vol. *Paris.* 1684.
——— ejusdem Epistolæ ad familiares, per Phil. Quartier. *Paris.* 1685.
——— Opera Philosophica, per Fr. l'Honoré. *Paris.* 1689.
Dictis Cretensis & Dares Phrygius, per Annam Fabram. *Amst.* 1702.
Eutropius, per Ann. Fabram. *Paris.* 1726.
Florus, per Ann. Fabram. *Paris.* 1726.
Aulus Gellius, per Jac. Proust. *Paris.* 1681.
Horatius, per Lud. Desprez. *Paris.* 1691.
Julius Cæsar, per J. Goduinum. *Paris.* 1678.
Justinus, per Pet. Jos. Cantel. *Paris.* 1677.
Titus Livius, cum suppl. J. Freinshemii, per Joan. Doujatium. 6. vol. *Paris.* 1679.
Lucretius, per Mich. Fayum. *Paris.* 1680.
Corn. Nepos, per Nic. Courtin. *Paris.* 1726.
Panegyrici veteres, per Jac. de la Beaune. *Paris.* 1676.
Vell. Paterculus, per Rob. Riguez. *Paris.* 1726.
Phædri Fabulæ, per Pet. Danetium. *Paris.* 1726.
Plinii Secundi Historia Naturalis per Joan. Harduinum. 5 vol. *Paris.* 1685.
Q. Curtius cum supplem. Jo. Freinshemii, per Mich. Le Tellier. *Paris.* 1678.
Sallustius, per Dan. Crispinum. *Paris.* 1726.
Suetonius, per Aug. Babelonium. *Paris.* 1684.
Terentius, per Nic. Camus. *Paris.* 1675.
Virgilius, per Car. Ruæum. *Paris.* 1722.
Titus Livius, per Joan. Doujatium. *Venetiis.* 6 vol. in-4°. 1714.

ORATORES ET HISTORICI,
cum Interpretationibus.

Cæſaris Comment. cum notis Gall. in-24. 1763. 1 l. 4 ſ.
Ciceronis Orationes omnes 3 vol. in-24. 4 l. 10 ſ.
Epiſtolæ Selectæ ad Atticum, cum notis, in-12. 1762. 2 l.
—— *Libri Rhetorici*, in-12. 1763. 2 l.
Suetonius, in-24. cum Notis. Amſt. 3 l.
Q. Curtius cum ſupplementis Freinshemii, Commentariiſ-que Cellarii, notis, indicibus & figuris æneis. 2 vol. in-12. Holl. 4 l. 10 ſ.
Juſtinus cum notis ſelect. variorum. in-12. 2 vol. 4 l.
Tit. Livius cum notis Clerici, 3 vol. avec des Cartes. 7 l. 10 ſ.
—— *Gronovii, Typis Elzevirianis.* in-12. 9 l.
Selecta L. Ann. Senecæ Philoſophi opera, cum interpret. gallica, in-12. 1761. 3 l.
Selecta è Novo Teſtamento Hiſtoria, ex Eraſmi paraphraſi-bus deſumpta, opuſculum Elementarium, in gratiam tyronum, in-12. 1764. 1 l.
—— Le même, lat. franç. in-12. 1764. 1 l. 16 ſ.

TRADUCTIONS
DES ORATEURS ET HISTORIENS.

Vie de Cicéron, par M. Prévoſt. 4. vol. in-12. 10 liv.
Oraiſons de Cicéron, avec des Notes critiques & hiſtoriques, traduites en françois ſur la nouvelle Edition de Hollande, par M. de Villefore. 8 vol. in-12. 20 l.
—— choiſies avec des Notes hiſtoriques & critiques, ſur l'Edition latine de Grævius, Traduction nouvelle. lat. franç. 3 vol. in-12. 1763. Les volumes ſe vendent ſéparément 2 l. 10 ſ. 7 l. 10 ſ.
La Rhétorique de Cicéron, ou les trois Livres de l'Orateur, lat. & franç. in-12. 2 l. 10 ſ.
—— Les Livres de la Vieilleſſe, de l'Amitié, les Paradoxes, le Songe de Scipion, traduits par M. Debarrett, in-12. lat. & franç. 1760. 2 l. 10 ſ.
—— *Du même Auteur.* Les Offices, traduction revue ſur

les Editions modernes les plus correctes, lat. & franç.
in-12. 2 l. 10 f.
—— Epit. familieres, lat. franç. 2 *vol. in*-12. 5 l.
Pensées de Ciceron, traduites, pour servir à l'éducation
de la Jeunesse, par M. l'Abbé d'Olivet, sixiéme édition,
revue & augmentée, *in*-12. 1764. 2 l. 10 f.
—— *Du même*, Philippiques de Démosthène & Catilinaires de Cicéron, cinquiéme édition, revue avec soin par le même Traducteur, *in*-12. 1765. 2 l. 10 f.
—— *Du même*. Entretiens sur la Nature des Dieux, quatriéme édition, 2 *vol*. 1765. 5 l.
—— *Du même*. Tusculanes de Cicéron, trad. par MM. Bouhier & d'Olivet, quatriéme édition, 2 *vol. in*-12. 1766. 5 l.
—— De l'Orateur, par M. l'Abbé Colin, *in*-12. latin-françois, 1766. 2 l. 10 f.
Pensées de Sénéque, traduites par M. de la Beaumelle, 2 *vol. in*-12. *sous presse*. 5 l.
Œuvres choisies de Sénéque, lat. fr. *in*-12. 1759. 3 l.
Commentaires de César, latin & françois, 2 *vol. in*-12. 5 l.
—— Traduction nouv. 2 *vol. in*-12. avec fig. Holl. 6 l.
Cornelius Nepos, Latin Franç. trad. nouv. avec des Notes géograph. historiq. & critiq. *in*-12. 3 l.
Q. Curce, traduit par M. Vaugelas, nouv. édition lat. fr. avec des Notes hist. géogr. 2 *vol. in*-12. 1764. 5 l.
Tacite, traduit par M. d'Ablancourt, latin franç. 3 *vol. in*-12. 7 l. 10 f.
—— Le même, en françois. 2 *vol. in*-12. 5 l.
Salluste, traduct. nouv. augmentée d'une Préface sur l'art historique, & du jugement des Sçavans sur les ouvrages de l'Auteur, lat. & franç. *in*-12. 1764. 2 l. 10 f.
Suetone, traduit par du Teil. lat. fr. 2 *vol. in*-12. 5 l.
Velleius Paterculus, par Doujat. lat. fr. *in*-12. 2 l. 10 f.
Valere Maxime, lat. & franç. 2 *vol. in*-12. 5 l.
Lettres de Pline. 2 vol. 1764. 4 l. ⎫
—— Les mêmes en 3 vol. 6 l. ⎬ *Par M. de Sacy.*
Panégyr. de Trajan. *in*-12. 2 l. 10 f. ⎪
Traité de la Gloire. *in*-12. 2 l. ⎭

POETÆ LATINI ET GRÆCI.

Homeri Ilias & Odyssea, gr. & lat. 4 v. in-f. Glascow. 60 l.
— Idem, gr. & lat. cum annotationibus Clarke, 4 vol. in-4. Londini 1754. 60 l.
— Idem, gr. & lat. 2 vol. in-12. Parif. 8 l.
— Idem, gr. 2 vol. in-18. Amft. 4 l.
Callimachi Hymni & Epigrammata quibus accefferunt Theognidis Carmina, in-8. Londini. 6 l.
M. Annæi Lucani Pharfalia, in-8°. 4 l.
Terentius, cum notis Juvencii. in-12. 2 l. 10 f.
Horatius, cum interpretat. ac notis R. P. Juvencii, nova Editio nitidiffima & accurat. 2 vol. in-12. 5 l.
— Idem cum notis. in-12. 2 l. 10 f.
— Idem cum interpretationibus ac notis Joannis Duhamel. in-12. 1764. 2 l. 10 f.
— Idem juxta Edit. Elzevir. in-18. Holl. 1 l. 10 f.
— Ex recenfione T. Fabri. in-12. 2 l.
Virgilius, cum interp. ac notis Ruæi. in-4°. 15 l.
— Idem cum interp. ac notis, 3 vol. in-12. 7 l. 10 f.
— Idem cum notis. in-12. 2 l. 10 f.
— Idem ex Editione Heinfii. in-18. Holl.
Virgilii Ecloga & Georgicon Liber I. cum ordine verborum, interpret. Gallica, Notis & obfervationibus, D. Ant. Bourgeois. in-8°. 4 l.
Ovidii Opera, 3 vol. in-12. 1762. 9 l.
— Metamorphofeon cum not. Juvencii. in-12. 2 l. 10 f.
Phædri Fabulæ, accurante Burmanno. in-4°. 9 l.
Lucanus cum notis variorum. 2 vol. in-12. 4 l.
Juvenalis, cum interp. ac not. Juvencii. in-12. 2 l. 10 f.
— Idem cum notis Farnabii. in-12. 2 l.
— Idem fine notis. in-24. Holl. 1 l. 10 f.
— Idem cum interp. ac notis Rodellii. in-12. 2 l.
Martialis Epigram. cum notis Juvencii. 2 vol. in-12. 5 l.

TRADUCTIONS
DE CES MEMES POETES.

Horace, trad. par le P. Sanadon. 8 vol. in-8°. lat. fr. 48 l.
— 8 vol. in-12. lat. franç. corrigé. 20 l.
— 8 vol. in-12. lat. franç. non corrigé. Holl. 20 l.
— 3 vol. in-12. lat. franç. avec un Dictionn. myth.

hiſtor. & géog. pour bien entendre Horace. 7 l. 10 ſ.
—— 2 vol. *in-*12. lat. franç. *non corrigé.* Holl. 5 l.
Perſe & Juvenal, par Tarteron, *in-*12. lat. fr. 1765. 2 l. 10 ſ.
Lucrece, lat. franç. 2 vol. *in-*12. 5 l.
Ovide, par M. de Martignac, 10 vol. *in-*12. lat. fr. 25 l.
—— Les cinq Livres d'Elégies, ou les Triſtes d'Ovide, les quatre Livres d'Elégies communément nommées *de Ponto*, les Fables choiſies, par le P. Kervillars, 3 vol. *in-*12. 7 l. 10 ſ.
Les Fables de Phédre chiffrées avec des notes critiques, hiſtoriques & morales, lat. franç. *in-*12. 2 l. 10 ſ.
—— Les mêmes chiffrées, lat. & franç. par M M. de Port Royal, *in-*18. 1 l. 4 ſ.
Virgile, par le P. Catrou, avec des Notes critiq. & hiſt. lat. & fr. 4 vol. *in-*12. avec figures à chaque livre. 10 l.
Les volumes ſe vendent ſéparément. 2 l. 10 ſ.
Plaute, trad. par Gueüdeville, 10 vol. *in-*12. 25 l.
L'Art d'aimer d'Ovide, & le remede d'Amour, trad. nouv. en vers, *in-* 8°. fig. 3 l.
Harangues choiſies des Hiſtoriens Latins, trad. nouvelle, 2 vol. *in-*12. 1764. 5 l.
—— D'Eſchine & de Démoſthène ſur la Couronne, traduit du grec, *in-*12. 2 l. 10 ſ.

POETÆ ET ORATORES LATINI RECENTIORES.

Selecta Carmina, Orationeſque clariſſimorum quorumdam in Univerſitate Pariſienſi Profeſſorum, cum notis Gallicis & Hiſtoricis, ou Recueil de Poéſies & de Harangues de pluſieurs Profeſſeurs célebres de l'Univerſité de Paris, 2 vol. *in-*12. 4 l.
Madeleneti Carmina, *in-*12. 1 l. 10 ſ.
Santolii Carmina, 5 vol. *in-*12. 12 l. 10 ſ.
—— *Hymni ſacri & novi.* *in-*12. 2 l. 10 ſ.
Les Hymnes de Santeul traduites en vers françois, par M. l'Abbé Poupin, *in-*12. 1760. 2 l. 10 ſ.
Sannazarii Opera omnia. *in-*12. 2 l. 10 ſ.
Bonefonii Carmina. *in-*12. 2 l. 10 ſ.
Ruris Delicia, ou Amuſemens de la Campagne, en Vers latins & françois, *in-*12. 2 l. 10 ſ.
Huetii, Fraguerii, Oliveti & aliorum Poetarum ex Academia Gallica, carmina, *in-*12. 1760. 3 l.

Bibliotheca Rhetorum à P. le Jai, 2 vol. in-4°. 34 l.
Poti Orationes, Tragœdia & Comœdia, 3 v. in-12. 7 l. 10 f.
Les Trag. & Coméd. se vendent séparément 2 l. 10 f.
Œuvres diverses du P. Baudory, nouv. édit. augm. d'un Plaidoyer, *in-12.* 1762. 2 l. 10 f.
Fabularum Æsopiarum Libri quinque, à P. Desbillons, 1 l. 4 f.
Sarbievii (Casimiri) Carmina, in-12. 1759. 3 l.
Sarcotis. Carmen Auctore P. Masenio, cum interpretat. gallica, *in-12.* 1757. 3 l.
Fabretti Carmina Lyrica. in-8°. 4 l.
Cossartii Carmina & Orationes. in-12. 3 l.
Du Cerceau Carmina. in-12. 2 l. 10 f.
Commirii Carmina. 2 vol. in-12. 5 l.
La Sante Musa Rhetorices, & Orat. 4 vol. in-12. 10 l.
Ruæi Carmina. in-12. *fig.* 2 l. 10 f.
Sanadonis Carmina. in-12. 2 l. 10 f.
Rapini Carmina. 3 vol. in-12. 6 l.
Sidronius, Wallius, & Becan. 2 vol. in-12. 6 l.
Sautel Lusus Allegorici. in-12. 2 l. 10 f.
Varia e variis Poëtis, Carm. & Orat. in-12. 1760. 10 f.
Oraison funébre du Duc de Bourgogne, prononcée par le P. Willermet, 1761. lat. & franç. *in-8.* br. 1 l. 10 f.
Discours sur l'Education, par M. Vicaire, ancien Recteur de l'Université, *in 8°.* 1763. *broché.* 1 l. 16 f.
Daugieres Carmina, in-8°. 4 l.
Bussieres Miscellanea Poetica, in-8. 4 l.

POETES FRANÇOIS.

Traité de la Poésie Franç. par le P. Mourgues. *in-12.* 2 l.
Fables de la Fontaine. 2 *vol. in-*8°. avec fig. 8 l.
——— Les mêmes, grand *in-12.* 2 l. 10 f.
——— Les mêmes, petit *in-12.* 2 l. 10 f.
——— d'Esope en François, avec fig. à chaque Fable. *in-12.* 2 l. 10 f.
Œuvres de Boileau, enrichies de figures gravées par Bernard Picart. 2 *vol. in-fol.* 1729. 60 l.
——— Les mêmes avec Notes, 3 *vol. in-*12. 6 l.
——— Les mêmes, petit *in-*12. 2 *vol.* avec les Poésies de Sanlecque. 4 l.

——— Les mêmes. *in*-12. 1 l.
——— Choisies de M. Rousseau, *in*-12. 2 l.
——— De Malherbe, rangées par ordre chronologique, par M. de S. Marc, *in*-8°. 1757. en beau pap. 7 l. 4 s.
——— Nouv. édit. revue, corrigée avec soin, petit format *in*-8. bien imprimé, 1764. 4 l.
——— De Deshoulieres, 2 vol. *in*-12. 5 l.
——— De Destouches, 10 vol. *in*-12. 20 l.
——— De Dancourt, 12 vol. 24 l.
——— De P. & T. Corneille, 19 vol. petit *in*-12. 38 l.
——— De Moliere, 6 vol. *in*-4°. 96 l.
——— Le même. 8 vol. *in*-12. fig. 1761. 16 l.
——— De Racine, 3 vol. *in*-4°. 1760. 60 l.
——— Le même. 3 vol. *in*-12. 1761. 6 l.
——— De Regnard, 4 vol. *in*-12. 10 l.
——— De Gresset. 2 vol. *in*-12. 5 l.
——— *Du même Auteur.* Ververt, traduit en Vers Latins, avec le françois, *in*-8°. broché. 1 l. 10 s.
——— Françoises, du P. Rapin, *in*-12. *Sous presse.*
Théâtre des Grecs, par le P. Brumoy, 6 vol. *in*-12. 1765. nouv. édit. corrigée & augmentée, 15 l.

DICTIONNAIRES
ET GRAMMAIRE.

Dictionnaire de la Langue Françoise ancienne & moderne de P. Richelet, nouv. Edit. augmentée d'un très-grand nombre d'articles 3 vol. *in-fol.* 1759. 72 l.
——— Abregé du même. *in*-8°. 1761. 6 l.
——— Abregé de Trévoux, 3 vol. *in*-4. 36 l.
——— De Pratique, par Ferriere, 2 vol. *in*-4. 20 l.
——— Portatif, historiq. théolog. géograp. critique & moral de la Bible, *in*-8°. 2 vol. 9 l.
——— De Rimes, *in*-8°. 1760. nouv. édit. revue par M. Berthelin. 7 l.
———d'Orthographe Françoise, nouv. édit. aug. par M. Restaut, *in*-8°. 1764. 7 l.
——— De Danet, à l'usage de Monseigneur le Dauphin. franç. lat. *in*-4°. 15 l.
——— *Lat. gall. ad usum Serenissimi Delphini.* *in*-4°. 15 l.
——— De Joubert. franç. lat. *in*-4°. 15 l.

— — *Lat. gall. ex Cicerone & aliis aut. concinnatum, Seren. Duci Burgundiæ dicatum.* in-4°. 12 l.

— — Du P. le Brun, dédié au Duc de Bourgogne fr. & lat. nouv. édit. *in-*4°. 1760. 15 l.

— — Thrésor de la Langue Latine, par le P. Gaudin, de la Compagnie de Jesus, nouv. édit. corrigée & augm. lat. franç. *in-*4°. 9 l.

— — Du P. Pomey, augmenté d'un grand nombre de descriptions, d'un Traité de la Vénerie & de la Fauconnerie, lat. franç. in-4°. 9 l.

Le Grand Apparat, recueilli de Cicéron, Plaute, Salluste, Pline, Térence, Juvenal, César, Tite-Live, Virgile, Horace, franç. lat. *in-*4°. 1755. 9 l.

— — Le Petit Apparat Royal, nouv. édit. corrigée & aug. d'après les Dictionn. du P. Joubert & du P. le Brun ; par M. Dinouart, *in-*8°. 1765. 3 l.

Dictionarium Universale, latino-gallicum, seu Boudot. *quarta decima Ed. aucta & emend.* in-8°. 1765. 5 l. 10 f.

— — *Officina Latinitatis.* in-8°. 1761. 3 l. 10 f.

— — *Gradus ad Parnassum.* in 8°. 5 l.

— — Des Commençans, où l'on trouve les Régles de la Syntaxe & de la Concordance, les Prétérits & Supins marqués tout au long, nouv. édit. aug. *in-*8°. 3 l.

— — *Apparatus Virgilii Poëticus, Synonymorum, Epithetorum & Phrasium, seu Elegantiarum Poëticarum Thesaurus*, in-4°. 9 l.

— — *Apparatus Latino Græcus cum interpretat. Gallica, ex Demosthene, Isocrate, &c. Nova Editio auctior & emendatior.* in-4°. 1754. 15 l.

— — *Novitius.* in-4°. 2 vol. 18 l.

Vocabulaire Universel, latin-franç. contenant les mots de la Latinité des différens siécles, à l'exception de ceux qui sont analogues à la Langue Françoise, avec un Vocabulaire françois-latin des mots qui sont le plus d'usage dans la Langue Latine, par M. Chompré, *in-*8. 4 l. 10 f.

Analyse démontrée, ou la Méthode de résoudre les problêmes des Mathématiques, & d'apprendre facilement ces sciences, par le P. Reynau de l'Oratoire, seconde édition augmentée des Remarques de M. de Varignon, *in-*4. 2 vol. 20 l.

— Du même, la Science du Calcul des Grandeurs en général, ou les Eléments des Mathématiques, seconde édition, *in*-4. 2 vol. 20 l.

La Rhétorique, ou Régles de l'Eloquence, par Gibert, ancien Recteur de l'Univ. de Paris, *in*-12. 1766. 2 l. 10 f.

— *Ejusdem Autoris*, *Rhetorica, juxta Aristotelis doctrinam Dialogis explanata*, in-4. 1763. broch. 1 l. 4 f.

Nouvelle Méthode contenant tous les principes de la Langue Italienne, des Dialogues familiers, un Recueil de noms & de verbes, & un Traité de Poésie, par M. Bertera, *in*-12. 3 l.

Principes généraux & particuliers de la Langue françoise, confirmés par des exemples choisis, instructifs, agréables, & tirés des bons Auteurs ; avec des Remarques sur les Lettres, la Prononciation, les Accents, la Ponctuation, l'Orthographe, & un Abrégé de la Versification Françoise, par M. de Wailly, troisiéme édit. revue & augmentée de la profodie, & dediée à l'Université, *in*-12. 1765. 2 l. 10 f.

— Abrégé de la même, *in*-12. 1764. 1 l. 4 f.

Méthode abrégée & facile pour apprendre la Géographie, dédiée à Mademoiselle Crozat, par M. le François, *in*-12. 1762. 2 l. 10 f.

— Pour étudier la Géographie, dans laquelle on donne une Description exacte de l'Univers, 4 *vol*. *in*-12, avec des Cartes. 8 l.

Tables Géographiques, *in*-12. 1760. 1 l. 4 f.

Leçons de Mathématiques, à l'usage des Colléges, *in*-8. 1761. 4 l.

Traité de l'Arithmétique, par le Gendre, *in*-12. 2 l. 10 f.

— Par Barême, *in*-12. 2 l. 10 f.

Méthode pour apprendre facilement la Langue Grecque, par MM. de Port-Royal, *in*-8°. 7 l.

Méthode pour apprendre facilement la Langue Latine, par MM. de P. R. *in*-8°. 1761. 6 l.

— La même en abrégé, *in*-12. 1765. 2 l.

Ducange, *Glossarium ad Scriptores Media & Infima Latinitatis*. 1733. 6 vol. in-fol. 120 l.

Introduction à la Syntaxe Latine pour apprendre à composer en latin ; avec des exemples de Thêmes, par

M. Clarke, Principal du Collége de la Ville de Hull dans le Comté d'York, Ouvrage traduit fur la sixiéme édition Angloise, *in-*12. 1765.   2 l. 10 f.

HISTOIRE.

Histoire Généalogique de la Maison Royale de France, des Ducs & Pairs, & Grands Officiers du Royaume, &c. 9 *vol. in-fol.*   200 l.

— Du Peuple Chrétien, 8 *vol. in-*12.   20 l.

— De Dannemarc, avant & depuis la Monarchie, nouv. édition, revue, corr. & augm. fur l'édition de Hollande, par M. des Roches, 9 *vol. in-*12.   22 l. 10 f.

— De Henri VII. Roi d'Angleterre, furnommé le Sage & le Salomon d'Angleterre, par M. de Marsolier, *in-*12. 1757.   2 l. 10 f.

— De l'Edit de Nantes, contenant les choses les plus remarquables qui se sont passées en France, jusqu'à l'Edit de Revocation de 1685. 5 *vol. in-*4.

— De Malthe, par Vertot, 7 *vol. in-*12.   17 l. 10 f.

— De Charles XII. par M. de Voltaire, *in-*12.   2 l. 10 f.

— Poétique, pour l'intelligence des Poétes, &c. par le P. Gautruche, nouv. édit. *in-*18. 1759.   1 l. 4 f.

— Des Juifs, par Arnauld d'Andilli, *in-fol.*   18 l.

— Le même, par Dem. & par Rép. 3 *vol. in-*12.   6 l.

— De France, par Mezeray, 14 *vol. in-*12.   35 l.

— De France, par Demandes & par Réponses, avec les Portraits des Rois, & l'Abrégé de l'Histoire Romaine, par M. le Ragois, nouvelle édition augmentée. *in-*12. 1764.   2 l. 10 f.

— Universelle, par Bossuet, 2 *vol. in-*12. 1765.   5 l.

— De Suger, Abbé de S. Denis, Ministre d'Etat, & Régent du Royaume sous le Regne de Louis le Jeune, 3 *vol. in-*12.   7 l. 10 f.

— Des Voyages, 17 *vol. in-*4.   255 l.

— De France, par Châlons, 3 *vol. in-*12.   7 l. 10 f.

— Des Révolutions d'Angleterre, par le P. d'Orléans, nouv. édit. ornée de figures, 4 *vol. in-*12. 1762. 10 l.

— De Gilblas, 5 *vol. in-*12.   12 l. 10 f.

— De la Ville de Reims. 3 *vol. in-*12.   7 l. 10 f.

— De Saladin, Sultan d'Egypte & de Syrie, par M. Marin, 2 *vol. in-*12. 1763.   5 l.

—De Cyrus le jeune, & de la retraite des dix mille de Zenophon, *in-12. 1762.* 2 l. 10 f.

—— Univerfelle de Turfellin, trad. en franç. avec des notes hiftor. & géograph. par M. l'Abbé Lagneau, 4 *vol. in-12.* 10 l.

Mémoires du Duc de Sully, 8 *vol. in-12.* 1763. 20 l.

Voyage de la Terre Sainte, par le P. Nau, *in-12.* 1757. 2 l. 10 f.

Defcription Hiftorique & Géographique de la France ancienne & moderne, enrichie de Cartes, par M. de Longuerue, *in-folio.* 30 l.

Differtation fur l'Origine, les Attributs & le Culte du Dieu Sérapis, *in-8°. broché,* 1760. 1 l. 10 f.

—— fur l'Ecriture Hiéroglyphique. *in-12. br.* 1762. 1 l. 4 f.

Magazin des Enfans, ou Dialogues d'une Sage Gouvernante avec fes Eleves, par Madame le Prince de Beaumont, 2 *vol. in-12.* 1761. 5 l.

—— *Du même Auteur,* Magazin des Adolefcentes, *in-12. 2 vol.* 1761. 5 l.

Hiftoire du Vieux & du Nouveau Teftament, par M. de Royaumont, *in-12.* 2 l. 10 f.

Hiftoire de la Vie & du Culte de S. Leonard du Limofin, par M. l'Abbé Oroux, dédiée à la Reine, 1760. *in-12.* 2 l. 10 f.

Socrate Ruftique, ou Defcription de la Conduite Economique & Morale d'un Payfan Philofophe, *in-12.* broché, 1763. 1 l. 10 f.

Traités hiftoriq. & critiq. fur l'Origine & les Progrès de l'Imprimerie, par M. Fournier le jeune, *in-8. br.* 5 l.

ROMANS.

Les Aventures de Télémaque fils d'Ulifse, par feu Meffire François de Salignac de la Motte Fenelon, nouvelle Edit. enrichie de figures, *in-4°.* 24 l.

—— Les mêmes. 2 *vol. in-12.* avec fig. 1763. 5 l.

—— Les mêmes. *in-12.* fans figures. 1762. 2 l. 10 f.

THÉOLOGIE ET JURISPRUDENCE.

Le Nouveau Coutumier général, ou Corps des Coutumes générales & particulieres de France, & des Pro-

vinces connues sous le nom des Gaules. 4 v. in f. 120 l.
Conférences des nouvelles Ordonnances de Louis XIV.
par M. Bornier, 2 vol. in-4. 18 l.
Dictionnaire de Droit & Pratique, par M. de Ferriere,
in-4. 2 vol. 21 l.
Bibliothéque des Auteurs Ecclésiastiques, par M. Dupin. 60 vol. in-8°. 300 l.
—— Du même Auteur, Traité de la Puissance Ecclésiastique & Temporelle, in-8°. 5 l.
—— Du même Aut. Traité de l'Amour de Dieu, in-8°. 5 l.
—— Du même, Traité de la Doctrine Chrét. in-8°. 5 l.
Théologie morale de Grenoble, par M. de Genet. 9 vol.
in-12. 22 l. 10 s.
—— Du même Auteur, Cas de Pratique touchant les Sacremens. in 12. 2 l. 10 s.
Theologia moralis, seu resolutio casuum conscientiæ juxta sacræ Scripturæ, Canonum & Sanctorum Patrum mentem, summo Pontifici Clementi XI. consecrata. 7 vol. in-12. 14 l.
Pastoral du Diocèse de Limoges, où l'on explique les obligations des Ecclésiastiques & des Pasteurs, & la maniere de s'acquitter dignement des fonctions sacrées, par Monseigneur l'Illustrissime & Reverendissime Louis d'Urfé, Evêque de Limoges. 3 vol. in-12.
7 l. 10 s.
Principes de la Théologie Morale, ou Résolution des cas de Conscience les plus difficiles, établies sur l'Ecrit. Sainte, les Canons des Conciles, le Droit Canon & les SS. Peres. Par M. de la Font. 2 vol. in-12. 5 liv.
Institutiones Philosophicæ, in novam methodum digestæ, par M. Le Ridant. 3 vol. in-12. 1761. 7 l. 10 s.

SAINTS PERES.

Sermons de Saint Grégoire de Nazianze, surnommé le Théologien, traduits du Grec avec des Notes. 2 vol. in-8°. 10 l.
Œuvres de S. Cyprien, Evêque de Carthage, avec des Remarques, une nouvelle Vie tirée de ses Ecrits. Traduct. franç. par M. Lombert. in-4°. 9 l.

—— De S. Clement d'Alexandrie, traduits du Grec, avec les Opuscules de plusieurs Peres Grecs, *in-8°.* 5 liv.
Homélies de Saint Jean Chrysostôme sur la Genese, & sur les Actes des Apôtres. *3 vol. in-8°.* 15 l.
—— Sur l'Evangile de S. Mathieu. *3 vol. in-8°.* 15 l.
Les Panégyriques des Martyrs, *in-8°.* 5 l.
Abregé de Saint Jean Chrysostôme, sur l'Ancien Testament, nouvelle Edition, *in-12.* 1757. 2 l. 10 s.

SERMONS.

Sermons du P. la Colombiere, nouvelle Edit. mise en meilleur françois, *6 vol. in-12.* 1757. 15 l.
Prônes de Girard 4 vol. *in-12.* 10 l.
Entretiens Ecclésiastiques pour tous les Dimanches de l'Année, sur les Mysteres de Notre Seigneur Jesus-Christ, sur les Fêtes de la Vierge & de Saint Charles Borromée, composés par l'ordre de Monseigneur l'Evêque & Comte d'Usès, à l'usage de son Diocese, par M. de la Font. *5 vol. in-12.* 12 l. 10 s.
—— *Du même Auteur*, Entretiens Ecclésiastiques sur le Sacrement de Pénitence. *2 vol. in-12.* 5 l.
La Morale Evangélique, ou Homélies choisies des Peres de l'Eglise sur les Evangiles des Dimanches & Fêtes de l'année, par M. l'Abbé Mery, *2 vol. in-12.* 1763. 5 l.

JOURNAL ECCLESIASTIQUE.

Journal Ecclésiastique, ou Bibliothéque raisonnée des Sciences Ecclésiastiques, par M. l'Abbé Dinouart, Chanoine de l'Eglise Collégiale de Saint Benoît, & de l'Académie des Arcades de Rome; Ouvrage dédié à S. A. M. le Prince Louis de Rohan, Coadjuteur de l'Evêché de Strasbourg.
Ce Journal commencé en Octobre 1760, contient 14 vol. par année, dont le prix est de 9 liv. 16 s. les personnes qui voudront le recevoir directement par la Poste, payeront 14 l. à raison de 6 sols pour le port de chaque vol. & ils en feront tenir le montant avec la Lettre d'Avis au Libraire, franc de port.

LIVRES DE PIETÉ.

De Imit. Christi libri quatuor, ad octo manuscriptorum ac primarum editionum fidem castigati, & mendis plus sexcentis expurgati. Ex recens. VALART, avec une Dissert. sur l'Auteur de l'Imitation. *in*-12. 1764. *nov. edit.* 3 l.

—— *Idem*, in-24. doré sur tranche. 1764. 3 l.

—— Le même livre, traduit sur l'édit. lat. de 1764. par M. Valart, & même format, *in*-12. 1768. 3 l.

Epitres & Evang. avec des Réflex. *in*-12. 1762. 2 l. 10 f.

L'Ecriture Sainte réduite en Méditations, par le P. Paulmier de la Compagnie de Jesus. *in*-12. 2 l. 10 f.

Vie des Saints, par le P. Giry, 3 *vol. in-fol.* 40 l.

—— Les mêmes, 2 *vol. in-fol.* 24 l.

La Vie de S. Bernard, par M. de Villefore, *in*-4. 9 l.

Paradisus Animæ Christianæ, à J. *Horstio*, in-12. sub Prælo.

Heures Chrétiennes, ou Paradis de l'Ame, contenant divers Exercices de Piété, tirées de l'Ecrit. Sainte & des SS. Peres, traduites du Livre intitulé, *Paradisus Animæ Christianæ*, composé par M. Horstius, 2 *vol.* in-12. 4 l.

Office de la Vierge, latin & françois, avec des Prieres pour la Messe, les Vêpres du Dimanche, & les Litanies de la Sainte Vierge, *in*-32. *doré sur tranche*, 1761. 1 l. 5 f.

Méditations sur les paroles de Jesus-Christ, rapportées dans les Evangiles, & propres pour les Exercices Spirituels des Retraites, *in*-12. 2 l.

Etrennes du Chrétien, *in*-32. 1765. avec le Calendrier de l'année, *relié en veau*, 1 l. 4 f. *en maroq.* 2 l.

Pseaumes de David avec de courtes Notes pour l'intelligence du Texte latin placé à côté de la Traduction, nouvelle édition, *in*-12. 1757. 2 l. 10 f.

Semaine Sainte, en latin, à l'usage de Rome & de Paris, *in*-24. 1 l. 4 f.

Imitation de Jesus-Christ, traduction nouvelle, *in*-24. 1761. 15 f.

Instructions Chrétiennes & Prieres à Dieu sur les Epitres & Evangiles pour tous les jours de l'Année, par le R. P. *** de l'Oratoire. *in*-12. 3 l.

Du même Auteur. Instructions Chrétiennes, & Prières à Dieu sur la Passion. *in* 12. 3 l.

Du même. Pensées pieuses, tirées des Réflex. mor. *in*-18. 2 l.

Du même Auteur, Recueil de Lettres Spirituelles sur divers sujets de Morale & de Piété, 3 vol. *in*-12. 6 l.

Du même Auteur. Epitres & Evangiles pour toutes les Fêtes de l'Année, fêtées ou non fêtées, avec des Réflexions *in*-12. 3 l.

La Journée du Chrétien, nouv. Edit. *in*-24. 1760. 15 s.

Le nouveau Testament de J. C. traduit par M. Valart. *in*-24. 1760. 1 l. 5 s.

Lettres de Saint Bernard, avec des Notes d'Horstius, & de Dom Mabillon, traduites en françois, par M. de Villefore. 2 vol. *in*-8°. 10 l.

Lettres chrétiennes & spirituelles, par M. Varet, Grand Vicaire de Monseigneur de Gondrin Archevêque de Sens. 3 vol. *in*-12. 6 l.

Prieres de l'Ecriture Sainte, avec l'Office de l'Eglise en latin & en françois, dédiées à Madame de Maintenon. *in*-12. 1754. 3 l.

Prieres du Matin & du Soir avec des Réflexions saintes pour tous les jours du Mois, & l'Ordinaire de la Messe, par feu Monseigneur l'Archevêque Duc de Cambray. *in*-18. 1 l. 4 s.

Œuvres diverses du P. Rapin, contenant l'esprit & la perfection du Christianisme, l'importance du Salut, la Foi des derniers Siécles, la vie des Prédestinés, 2 vol. *in*-12. 5 l.

Méditations pour toute l'année, par le P. Boissieu, 4 *vol*. *in*-12. 10 l.

Regula Cleri, ex sacris litteris, sanctorum patrum monimentis, Ecclesiasticisque sanctionibus, excerpta, tertia editio, *in*-12. 1765. 2 l. 10 s.

Bona, *de sacrificio Missæ*, *in*-12. 1761. 2 l.

De la Connoissance de Jesus-Christ. 2 vol. *in*-12. 1762. 5 l.

—— Idem, *in* 12. 1763. 3 l.

Secours spirituels contenant des Exhortations courtes & familieres pour consoler les pauvres & les riches dans

B

les différens états de la maladie, par M. l'Abbé Blanchart. *in*-12. 2 l. 10 f.
Traité de l'Oraison Dominicale, où sont exposées les excellences & prérogatives qu'elle a par-dessus toutes les autres Prieres, par le P. Chanu, *in*-18. 1 l. 4 f.
Journal des Saints, par Grosez, 1746. 3 vol. *in*-12. 7 l. 10 f.
L'Année Evangelique, ou Homélies sur les Evangiles des Fêtes de l'année, par M. Lambert, 7 vol. *in*-12. 1764. 17 l. 10 f.
Stimulus Pastorum, ex sententiis Patrum concinnatus, in-12. 1765. 2 l. 10 f.
Instruction de la Pénitence, par Gobinet, *in*-12. 2 l. 5 f.
Du même Auteur. Sur la Vérité du Saint Sacrement de l'Eucharistie, *in*-12. 1765. 2 l. 5 f.
Du même. De la Jeunesse, *in*-12. 2 l. 5 f.
Du même. La maniere de bien étudier, *in*-12. 2 l.
Année Chrétienne, contenant les Messes des Dimanches & des Fêtes, avec des Explications des Epîtres & Evang. de l'année, par le Tourneux, 13 vol. *in*-12. 45 l. 10 f.
—— *La même*, contenant seulement l'explication des Epitres & Evangiles, 6 vol. *in*-12. 15 l.
Vies des Peres, des Martyrs, & des autres principaux Saints, tirées des Actes originaux & des monuments les plus authentiques; avec des Notes historiques & critiques, trad. de l'Anglois, *in*-8°. Tom. I. II. & III. 18 l.
Le Tome IV. sous presse.
Cet Ouvrage contiendra environ dix Volumes.
L'Année Chrét. par Croiset, 18 v. in-12. 1765. 54 l.

LIVRES D'ASSORTIMENS

Qui se trouvent chez le même Libraire.

A

*A*Minta di *Torquato Tasso*. in-12. gr. & pet. papier.
— Amours de Daphnis & Chloé. in-8°. fig.
— De Théagene & Chariclée. 2 vol. in-8°. fig.
— Le même, 2 vol. in-12. fig.
— D'Ismene & d'Ismenias. in-8°. fig.
Abregé du projet de Paix perpétuelle, par M. l'Abbé de S. Pierre. in-12.
Agriculture parfaite, par M. Agricola. 2 vol. in-8°. fig.
Le Plutus & les nuées d'Aristophane, Comédies Grecques traduites en françois, par Mademoiselle le Fevre. in-12.
Amusemens de la Campagne, de la Cour, de la Ville, ou récréations historiques & galantes, 12 vol. in-12.
Annales de la Monarchie Françoise. 3 vol. in-fol. fig.
Analyse raisonnée de l'Esprit des Loix de M. le Président de Montesquieu, par M. Pecquet in-12.   3 l.
Antiquité expliquée par le P. Montfaucon. 15 vol in-fol.
Atlas historique de M. de Gueudeville. 7 vol. in-fol.
Augustini vita & indices. in-folio.
— *Idem. Opuscula.* 3 vol. in-12.
— *Confessiones*, in-24.

B

*B*asilii (S) Opera omnia 3. vol. in-fol. 1730. Paris.
Breviarium Romanum. avec Rubriques Franç. 2 v. in-8°.

B ij

—— *Idem.* 4 *vol. in*-12. Rubriques latines.
Lettres de Balzac. *in*-12. Elzevir.
Bayle, *Institutiones Physicæ*, 4 vol. in-4.
Bibliothéque ancienne & moderne. 26 *vol. in*-12.
—— choisie avec les Tables. 28 *vol. in*-12.
Boileau, 2 *vol. in-folio.* enrichis de figures gravées par Picart. 1729. Holl.
Bouhours, Pensées ingénieuses, *in*-12.
Bibliothéque de Campagne, 24 *vol. in*-12.

C

Astelli Lexicon Heptagloton. 2 vol. in-folio.
 Catullus, Tibullus, Propertius dicatus celsiss. Aurelianensium Duci. in-4°. 1723.
Ciceronis Epistolar. ad Q. Fratrem libri tres, & ad Brutum liber unus, cum notis variorum. in-8°.
Ciceronis Liber de Senectute, in-32. Edit. eleg. 1758.
—— *De Amicitia*, in-32. Coustelier.
Concordantiæ Bibliorum. in-4°. Lugduni. *in*-8°. Coloniæ.
Critici sacri. 11 vol. in-folio. Londini.
Cabinet Romain, ou Recueil d'Antiquités Romaines, avec les explications de M. de la Chausse. *in-fol.*
Calendrier perpétuel, contenant les Années Grégoriennes & Juliennes, par M. Sauveur. *in-fol.*
Les Cesars de l'Empereur Julien, traduit du Grec, par feu M. le Baron de Spanheim avec des remarques & des preuves, enrichis de plus de trois cens médailles & autres anciens monumens gravés par Picart. *in*-4°.
Clef du Cabinet des Princes. 50 *vol. in*-8°.
Catéchisme du Concile de Trente. franç. *in*-12.
Curiosités de la nature & de l'art, par M. de Vallemont. 2 *vol. in*-12. fig.
Cornelii Taciti Opera, *quæ extant omnia*, in-24. Amst.
Coutumes & Cérémonies observées chez les Romains, traduit du Latin de Nieupoort, par M. l'Abbé * * * *in*-12.
Corpus omnium Veterum Poëtarum Latinorum, cum eorumdem Italica versione, in-4°. 32 vol.

D

Description des Isles de l'Archipel. *in-fol.* fig.
*Philosophie de Dagoumer, augmentée d'une Physique particuliere, avec fig. 6. vol. *in-12.* 1757.
Dictionnaire de l'Académie Françoise, quatriéme édition, 2 vol. *in-fol.* 1762.
Dictionnaire de Sobrino, François & Espagnol, 2 vol. *in-4°.*
— Italien, Latin, François; & François, Latin, Italien, par l'Abbé Antonini, nouv. édition, très-augmentée, 2 vol. *in-4.* 1761.
Diurnal Romain, rubriques latines, *in-24.*
Défense de la Censure de la Faculté de Théologie de Paris, contre les Mémoires de la Chine. *in-12.*
Dissertation Hist. & Critiq. sur la Chevalerie ancienne & moderne, séculiere & réguliere, avec des notes, par le P. de S. Marie, *in-4°.*

E

Erasmi Colloquia, *cum notis selectis variorum, & cum indice*, *in-8.*
Ébauche de la Religion naturelle, par Wolaston, *in-4°.*
Explication physique des sens, des idées & des mouvemens, tant volontaires qu'involontaires, traduit de l'Anglois de M. Hartley, par M. l'Abbé Jurain. 2 v. *in-12.*
Espion Turc, 9 vol. *in-12.* 1756. Paris.
Essai sur l'Histoire des Sciences, des Belles-Lettres & des Arts, par M. Juvenel de Carlencas, 1757. 4. vol. *in-8°.*

F.

Florus cum notis variorum. in-8°.

G.

Gregorii (S.) opera. 4 vol. in-fol.
Grammaire Italienne, par Castelli, *in-12.*
(M. de Glatigny, Avocat Général.) Œuvres posthumes, contenant ses harangues aux Palais, ses discours Académiques, *in-8°.* 1757.
Geométrie de M. Gallimart, *in-12.*
Grammaire Françoise & Philosophique, par M. d'Açarq. 1760 & 1761. 2 Part. *in-12.*

H.

Hieronymi (S.) opera omnia, studio Patrum Benedict. 5 vol. in-folio.
Herodiani Historia, gr. & lat. in-8.
Historia Ecclesia Parisiensis. 2 vol. in-folio.
Histoire naturelle, Civile & Ecclésiastique du Japon, par Kempher. 2 vol. in-fol. fig.
Histoire d'Alsace, 3 vol. in-folio.
—— De l'Isle d'Espagne, ou de S. Domingue, par le P. Charlevoix. 2 vol. *in-4°.* gr. papier. fig.
—— Des Juifs, par Arnauld d'Andilly, grand & petit papier. in-folio. fig.
—— Du Nestorianisme, par le P. Doussin. *in-4°.*
—— Navale d'Angleterre, trad. de l'Anglois, par MM. Diderot & de Puisieux, 3 vol. *in-4°.* grand pap.
—— Du Pontificat de S. Gregoire, par Maimbourg. 4 vol. *in-12.*
—— Du Triumvirat, par Larrey. 3 vol. *in-12.*
—— De Louis XIV. par Larrey, 3 vol. *in-4°.*

—— Ou Contes du Temps passé, avec des Moralités, par M. Perrault, avec fig. *in*-12. jolie Edit.
—— Abregé Chronologique de l'Histoire d'Espagne, depuis sa fondation jusqu'au présent regne, par M. Desormeaux, 5 *vol. in*-12. 1758.
—— D'Epaminondas, & de Scipion l'Africain, par M. l'Abbé Seran de la Tour. *in*-12.
—— De Jean Sobieski, 3 *vol. in*-12.
Hippocratis Aphorismi, grec & lat. in-12. 1756.

I.

I Talia liberata. 3 vol. in-8°. grand & petit papier.

L

L Innæi Orationes. in-8°. 1744.
Lettres historiques de l'Europe, depuis Mai 1721. jusqu'en May 1728. 12 *vol. in*-12.
Lettres Historiques, contenant ce qui s'est passé de plus particulier dans toutes les Cours de l'Europe, 74 *vol. in*-12.
—— Philosophiques sur la formation des sels & des cristaux, & sur la génération des plantes & des animaux, par M. Bourguet. *in*-12.
Le Spectateur, ou le Socrate moderne; où l'on voit un portrait naïf des mœurs de ce siécle, trad. de l'Anglois. 3 vol. *in*-4°.
—— Le même en 9 vol. *in*-12.
La Procopade, ou l'Apothéose du Docteur Pro...; Poéme en six Chants, *in*-12.

M

M Aldonati de Sacramentis opera. in-folio.
Montfaucon Bibliotheca Coisliniana, olim Seguriana, sive Manuscriptorum omnium Græcorum quæ in ea continentur, accurata descriptio. in-folio.
(Mainard) Notables & singulieres Questions de Droit.

B iv

écrit, jugées au Parlement de Toulouse, conférées avec les préjugés des autres Parlements de France, 1751. 2 vol. in-folio.

Mémoires pour servir à l'Histoire du Congrès de Cambray, où l'on voit l'examen des difficultés qui en ont retardé l'ouverture par rapport aux investitures d'Italie. in-4°.

—— Littéraires de la Grande Bretagne, par M. de la Roche, Auteur de la Bibliothéq. Angloise. 16 v. in-12.

—— Et Lettres sur les Négociations de Gertruydemberg. 2 vol. in-8°. 1712.

—— De Brandebourg, pour servir à l'Histoire de cette Maison. 2 vol. in-12.

—— De la Cour de France, par Madame la Comtesse de la Fayette. in 12.

Martini Lexicon Philologicum, in-fol. 2 vol.

Maniere de bâtir pour toutes sortes de personnes, par le Muet, in fol. avec beaucoup de planches.

Maison Rustique, ou Economie générale de tous les biens de campagne. 2 vol. in-4°. avec fig. 1762.

Metaphysica ad usum Scholarum, Authore Seguy, Professor. in Collegio Marchiano, 2 vol. in-12. 1762.

—— Ejusdem Logica, in-12.

Manuel des Ecuyers, par le Sieur Carbon de Begrieres, in-8°.

Œuvres de Machiavel, 6 vol. in-12.

N

Negoce d'Amsterdam, par Ricard. in-4°.

Nouveau système sur la génération de l'Homme, & de l'Oiseau, par M. de Launay. in-12. 1755.

Nouvelle Méthode raisonnée du Blazon, réduite en leçons par demandes & réponses par le P. Menestrier, enrichie de figures en taille-douce. in-12.

O

Optatus de schismate Donatistarum libri VII. opera & studio Dupin. in-folio.

Ovide, Œuvres galantes & amoureuses, 2 vol. *in*-12. 1763.
—— De Pope, nouvelle Edition augmentée de plusieurs Piéces. *in*-12. 7 *vol.* avec figures. 1761.
Œuvres de Pope, 6 vol. *in*-8°. en Anglois.

P

Pervigilium *Veneris cum notis Justi Lipsii, & Ausonii Cupido cruci adfixus.* in-8°.
—— Le même traduit, in-8°. 1766.
Phædri Fabulæ, in-8.
Petavii Dogmata. 6 vol. in-folio.
—— *De Doctrina Temporum.* 3 vol. in-folio.
Petronius, in-12.
—— Le même, latin françois, 2 *vol. fig.*
Phædri Fabulæ cum notis Burmanni. in-4°.
Philosophia Chabrono. 4 vol. in-12.
—— Dagoumer, *nova Edit. aucta,* 6 vol. in-12. 1757.
Physique de Perrault. 2 vol. in-4°.
Poésies du Chevalier de Fontenailles. in-8°.
—— De Joachim du Bellay, Gentil-homme Angevin. *in*-8°.
Prose & Rime di Giovanni de la Casa *in*-12.
Plaute, traduit par M. Gueudeville. 10 *vol. in*-12.
Parallele de l'Architecture antique & moderne, par Chambrai, *in-fol.*
Paroles remarquables, les bons Mots & les Maximes des Orientaux, *in*-12.

Q

Quintus *Curtius cum supp. Freinshemii, notis & indice* S. H. Rapp. in-4°.
—— *Idem sine notis.* in-24. Holl.

R

Rob. *Stephani Thesaurus linguæ latinæ.* 4 vol. in-fol. *Basileæ,* 1740.
Rohaulti Physica cum annot. Nevvtonii & Clarke. in-8°. cum figuris.
Rapin (Jésuite) Ses Œuvres ; contenant les comparai-

fons des grands hommes de l'Antiquité qui ont le plus excellé dans les Belles-lettres ; les reflexions sur l'Eloquence, la Poëtique, l'Histoire & la Philosophie, & tous ses Ouvrages de Piété. *in-12. Sous presse.*

Recueil d'Antiquités Egyptiennes, Etrusques, Grecques & Romaines, par le Comte de Caylus. 5 *vol. in-4°.* fig.

—— De chansons. 10 *vol. in-12.* Les deux derniers vol. sont de 1761.

République des Lettres, par Bayle. 56 *vol. in-12.*

—— Critique de la même. 15 *vol. in-12.*

Représentation des fêtes données par la ville de Strasbourg, pour la convalescence du Roi, à l'arrivée & pendant le séjour de Sa Majesté en cette ville. grand in-folio.

S

Sallustius. in-24. Holl.

Sanderi Chrorographia sacra Barbantiæ. 3 v. in-fol.

Seneca Tragœdia cum notis Farnabii. in-24.

Synodes Nationaux des Eglises réformées de France, auxquels on a joint des Mandemens Royaux, par M. Aymon, 2 *vol. in-4°.*

Synopsis universæ Praxeos-Medicæ, Auctore J. Lieutaud. 2 vol. in-4. 1765.

Suetonius Tranquillus cum Casauboni animad. & dissert. polit. J. Boecleri. in-4°.

Sanctii Minerva cum animadv. Perizonii. Editio septima prioribus emendatior. 1761. in-8°. 2 vol. Amsterdam.

T

Terentius cum notis Westerovii. 2 vol. in-4°.

Theatro Belgico di Gregorio Leti. 2 vol. in-4°.

—— Gallico. 7 vol. in-4°.

Thesaurus Antiquitatum sacro-profanarum Auctore Scaccho in-folio. fig.

Le grand Théâtre du Brabant, sacré & profane. 4 *vol. in-folio.*

Théolog. des Insectes, par M. Lyonnet. 2 *vol. in-8°.* fig.

Traité de l'Art métallique *in-12.*

Les Trophées du Brabant. 6 *vol. in-folio.*
Théatre des Rois & des Souverains de la Famille Royale de France, *in-folio.*

V

*V*Irgilius Ruæi *cum interp. ac notis.* in-8°. fig.
— *Heinsii.* in-12. Amst.
— *Edimburgi,* 2 vol. in-8.
*V*alerii Flacci Argonauticon, *ex recensione N. Heinsii.*
Vie de S. Irenée second Evêque de Lyon. 2 *vol. in-12.*
— De l'Amiral Ruiter où est comprise l'Histoire maritime des Provinces-Unies, depuis 1652. jusqu'à 1676, enrichie de figures, *in-folio.*
— D'Anne Stuart, 2 *vol. in-12.*
Voyage de le Brun au Levant. 5. *vol. in-4°.* fig.
Vie du Vicomte de Turenne, par Raguenet. *in-12.*

W

*W*Olfii monumenta Typographica. 2 vol. in-8°.

LIVRES
A l'usage des Colléges & des Pensions.

A

*A*Brégé des Particules de Pomey, in-24. 15 f.
—— De la Méthode, à l'usage de ceux qui ont commencé à être instruits des premiers principes de la langue latine. in-12. 12 f.
—— Nouvelle Méthode abregée. in-12. 12 f.
Accentus Græci. in-12. a P. Labbe. 1 l. 4 f.
Amaltheum Prosodicum, sive brevis & accurata vocum omnium Prosodia a P. Pomey. in-24. 1 l. 4 f.
—— Idem Poëticum & Historicum. in-24. 1 l. 4 f.
Aphtonii Progymnasmata. in-18. 12 f.
Appendix de Diis & Heroïbus Poëticis cum notis gall. à P. Juvencio. in-24. 1765. 15 f.
Aurelius Victor. in-24. 15 f.
—— Le même, en françois. in-24. 15 f.
—— Le même, latin & françois, in-24. 1 l. 10 f.

B

*B*Iblia Sacra. in-4°. Lyon. 12 l. & in-8°. Paris. 5 l.
—— in-24. 6 vol. Lyon. 9 l.
—— Les Livres sapientiaux de la Bible; contenant les Proverbes, l'Ecclésiaste, la Sagesse & l'Ecclésiastique, en latin, in-24. 15 f.

C

*C*Iceronis Orationes selectæ. 3 vol. in-12. 4 l. 10 f.
Les volumes se vendent séparément. 1 l. 10 f.
—— Orationes omnes. 3 vol. in-24. 4 l. 10 f.
—— Epist. Selectæ ad Atticum cum Not. 1762. in-12. 2 l.
—— Opera Philosophica, in-12. 2 l.
—— Libri Rhetorici, in-12. jolie édit. 1763. 2 l.
—— Ex Cicerone & Seneca Hist. depromp. in-24. 15 f.
—— Epistolæ selectæ libri quatuor. in-18. 1764. 12 f.

—— Ad familiares libri quatuor. *in-18.* 12 f.
Oraisons de Cicéron trad. par M. de Villefore. 8 v. in-12. 20 l.
—— *Choisies lat. & franç.* 3 vol. in-12. *Le premier volume contient les Oraisons pour la Loi Manilia, le Poëte Archias, Milon, Marcellus, Ligarius, Dejotarus, Roscius Amerinus. Le second vol. contient les 4 Catilinaires, Pison, la seconde Philippique. Le troisiéme vol. contient Murena, Verrès touchant les Statues & les Supplices.* 1763. 7 l. 10 f.
—— *Les Livres de la Vieillesse, de l'Amitié, les Paradoxes, le Songe de Scipion, traduits par M. Debarrett, lat. & franç.* in-12. 1760. 2 l. 10 f.
—— *Du même Auteur, Les Offices, traduct. revue sur les Edit. modernes les plus correctes,* in-12. 2 l. 10 f.
—— *La Nature des Dieux trad. par du Bois.* in-12. 1 l. 10 f.
—— *La Rhétorique, franç. lat.* in-12. 2 l. 10 f.
Traité de l'Orateur, par M. l'Abbé Colin, in-12. lat. fr. 1756. 2 l. 10 f.
—— *Epitres familieres, franç. lat.* 2 vol. in-12. 5 l.
—— *Choisies, les 4 Livres.* in-12. *lat. & franç.* 2 l.
Pensées de Cicéron, trad. par M. l'Abbé d'Olivet, sixiéme édit. revue & augmentée, in-12. 1764. 2 l. 10 f.
—— *Du même. Philippiques de Démosthène, & Catilinaires de Cicéron, cinquiéme édition revue avec soin,* in-12. 1765. 2 l. 10 f.
—— *Du même. Entretiens sur la Nature des Dieux,* 4ᵉ ed. 2 vol. in-12. 1765. 5 l.
—— *Du même. Tusculanes de Cicéron,* 2 vol. in-12. 1766. 5 l.
Cæsaris Commentaria. *in-24.* 1763. cum not. gall. 1 l. 5 f.
—— *Le même, franç. lat.* 2 vol. in-12. 5 l.
—— *Le même en franç.* 2 vol. *in-12.* Holl. fig. 6 l.
Cornel. Nepos, ex recens. Valart, *in-24.* 1760. 15 f.
—— *Le même fr. & lat. avec des notes hist.* 3 l.
Cornelius Tacitus. *in-18.* 1 l. 10 f.
—— *Le même, franç. lat.* 3 vol. in-12. *par M. d'Ablancourt.* 7 l. 10 f.
—— *Le même, franç.* 2 vol. in-12. 5 l.
Clenardi Grammatica Græca, a P. Labbe. *in-12.* 1 l. 4 f.
Catéchisme de Canisius, grec & latin, 8 f. Latin seul. *François seul.* in-32. 6 f.

D.

Dictionnaire de Danet, franç. lat. in-4°.   15 l.
——— Idem. lat. galli. in-4°.   15 l.
——— De Joubert, franç. lat. in-4°.   15 l.
——— Ejusd. lat. galli. Duci Burgundiæ dicatum. in-4°.   12 l.
——— Du P. le Brun, franç. lat. dédié au Duc de Bourgogne. in-4°. 1760.   15 l.
——— Du P. Gaudin, franç. lat. in-4°.   9 l.
——— Du P. Pomey, franç. lat. in-4°.   9 l.
Le Petit Apparat Royal, nouvelle Edit. corrigée & augmentée d'après les Dictionnaires du P. Joubert & du P. le Brun, par M. l'Abbé Dinouart. 1766. in-8°.   3 l.
——— Des Commençans. in-8°.   3 l.
——— Officina Latinitatis. in-8°. 1761.   3 l. 10 f.
——— Universale, seu Boudot. in-8°. 1765.   5 l. 10 f.
——— Novitius. in-4°. 2 vol.   18 l.
——— Apparatus Virgilii Poëticus. in-4°.   9 l.
——— Gradus ad Parnassum. in-8°.   5 l.
——— Apparatus Latino-Græcus, cum interpr. gallica ex Demosthene, Isocrate, &c. in-4°. 1754.   15 l.
Despautere de Behourt. in-8°. en 3 parties.   1 l. 10 f.
——— Prosodia a P. Labbe. in-12.   1 l.
Ars Metrica, id est, Ars condendorum eleganter versuum, in-12.   15 f.
La Quantité du petit Behourt, ou du nouveau Despautere, nouv. edit. retouchée. 1759.   15 f.
Délices de la Langue latine. in-24. 1761.   15 f.

E.

Eutropius cum notis gallicis. in-24.   15 f.
Erasmi, Petrarchi, & Corderii selecta colloquia quibus adjectus est ejusdem Erasmi tractatus de civilitate morum Puerilium, cum notis gallicis, in-18. 1765.   12 f.
Evangelium Græcum secundùm Lucam, in-12. gros caractere. 1764.   1 l. 4 f.

F.

Flori rerum Romanarum Libri quat. in-24.   15 f.
Flos Latinitatis. in-12.   2 l.
Faciliores Linguæ Græcæ Institutiones. in-12.   16 f.
Frontini Stratagematicon libri tres, in-12. ex recensione Valart, 1763.

G.

Æsopi Fabulæ Græcæ cum interp. lat. *in*-12. 16 f.
Grammaticæ Poëticæ Græcæ Libri tres, a Patre Labbe. *in*-18. 1 l. 10 f.
Æliani variæ Historiæ, *in*-24. 15 f.
Grammaire Grecque, par M. Mestier. in-8°. 1 l. 4 f.
—— *Par le P. Escolant.* in-12. 16 f.
Gramm. Franç. de M. de Wailly, in-12. 1765. 2 l. 10 f.
——La même abrégée. 1 l. 4 f.
Grammaire latine, avec des éclaircissemens sur les principales difficultés de la Syntaxe, & une Préface où l'on examine les principes de Sanctius, Scioppius, de Vossius, in-12. 1760, *par M. Valart.* 1 l. 10 f.
—— Du même Auteur, *Analogie des genres, des prétérits & des supins.*, in-12. 8 f.
—— Du même Auteur, *Méthode pour la traduction du françois en latin,* in-12. 1761. nouv. édit. 12 f.

H.

Horatius cum interp. notis & appendice P. Juvencii. 2 vol. *in*-12. 5 l.
—— Idem cum notis & appendice. *in*-12. 2 l. 10 f.
—— Idem cum Interpret. ac Notis Du Hamel. *in*-12. 1764. 2 l. 10 f.
—— *Le même, trad. par le P. Sanadon.* 8 vol. in-12. 20 l.
—— *Le même, en* 3 vol. in-12. lat. & franç. 7 l. 10 f.
—— *Le même, en* 2 vol. in-12. lat. & franç. 5 l.
Herodiani Historiæ de Imperio post Marcum, vel de suis temporibus, Libri VIII. Angelo Politiano Interprete. *in*-24. 15 f.
Histoire Poëtique, par le P. Gautruche, nouv. édition, revue & corr. *in*-18. 1 l. 4 f.
Harangues choisies des Historiens Latins, trad. nouvelle, 2 vol. in-12. 1764. 5 l.
—— *D'Eschine & de Demosthène, sur la Couronne, trad. du grec,* in 12. 2 l. 10 f.

J.

*J*Ardin des Racines grecques, in-12. 2 l. 10 f.
Juvencii candidatus Rhetoricæ, *in*-12. 1 l. 10 f.
—— Ratio discendi & docendi, opus Magistris ac discipulis perutile, *in*-12. 2 l.

Imitatio Christi, *in*-32. 14 f.
—— Idem *en françois*, in-24. 15 f.
Juvenalis cum interpr. notis & appendice P. Juvencii. *in*-12. 2 l. 10 f.
—— Idem cum interp. ac notis Rodellii. *in*-12. 2 l.
—— *Le même traduit par le P. Tarteron latin & franç.* in-12. 1765. 2 l. 10 f.
Juſtinus cum notis variorum. 2 vol. *in*-12. 4 l.
—— Idem cum notis. *in*-12. *Cramoiſi*. 2 l.
—— Idem. *in*-24. nova edit. expurgata. 1760. 1 l. 5 f.
Indiculus Univerſalis, ou l'Univers en abregé, par le P. Pomey, nouv. Edit. corrigée, augmentée, & miſe en ordre, par M. l'Abbé Dinouart. *in*-12. 2 l. 10 f.

L

Lucanus cum notis variorum. 2 *vol*. *in*-12. 4 l.
Luciani græci Dialogi mortuorum, cum interpret. lat. *in*-12. 16 f.
Lucrece, *franç. lat*. 2 vol. in-12. 5 l.

M

Martialis Epigrammata, cum notis Juvencii. 2 *vol*. *in*-12. 5 liv.
Manuel des Grammairiens. in-12. nouv. édit. augmentée & retouchée. 1763. 2 l.
Maximes tirées de l'Ecriture Sainte. in-32. 12 f.
—— *De la Concorde*. in-18. 18 f.

N

Nouveau Teſtament, en Latin, avec un Sommaire à la tête des Chapitres, & où tous les paſſages des Livres ſaints, ſoit paralleles, ſoit cités, ſont exactement indiqués au bas des pages, vol. in-24. avec une Carte géograph. 1763. 1 liv. 5 f.
Nov. Teſt. Græcum *in*-24. *Amſt*. 2 l. 10 f. *Pariſ*. 2 l.
—— *Le même*, en franç. avec une *Explication des Noms de Monnoies, Poids, Meſures, Sectes & Tribunaux qui ſe trouvent dans ce Livre*, par M. *Valart*. in-24. 1760. 1 l. 5 f.

O

Ovidii Metamorph. Libri XV. cum notis gallicis & appendice, *in*-12. 1766. 2 l. 10 f.

Le

—— Le même, lat. & franç. Sub Prælo.
Orationes ex Sallustii, T. Livii, & Taciti Historiis collectæ. in-12. 2 l.
—— Le même, lat. franç. 2 vol. in-12. 5 l.
Ovidii selectæ Fabulæ, cum notis, in-8. 1765. 8 f.

P

PHædri Fabulæ, Syri Sententiæ, Faerni Fabulæ, cum notis Gallicis. in-12. 1765. 15 f.
Fables de Phedre en latin, avec des notes, des éclaircissemens, & un petit Dictionnaire à la fin, à l'usage des Commençans, par M. Bourgeois, Professeur au Collége de Louis le Grand, nouv. édition, in 12. 1765. 1 l. 4.
—— Les mêmes, latines & franç. chiffrées, avec des notes critiques & historiques. in-12. 2 l. 10 f.
—— Les mêmes in-18. lat. & franç. 1 l. 4 f.
Plinii Panegyricus. in-24. 15 f.
—— Le même traduit, par M. de Sacy. in-12. 2 l. 10 f.
Principes de la Langue Latine, mis dans un ordre plus clair, plus étendu, & plus exact; à l'usage du College de Louis le Grand. 3 Part. in-12. 1 l. 16 f.
Parabola Evangelica, Auctore Valart, in-12. 15 f.
Pomey Candidatus, in-12. 1 l. 10 f.

Q

QUintus Curtius, cum supplementis Freinshemii, Commentariisque Cellarii, notis, indicibus & figuris æneis. 2 vol. in-12. Holl. 4 l. 10 f.
—— Idem cum notis. in-12. 2 l.
—— Idem cum notis. in-24. 1 l. 5 f.
—— Le même traduit par M. Vaugelas, 2 vol. in-12. lat. franç. avec des notes hist. géogr. 1764. 5 l.

R

RHetorica a P. Colonia. in-12. 2 l. 10 f.

C

S

Salluftius cum notis Gallicis. *in*-24. 1766.   1 l.
—— *Le même, latin françois, traduction nouvelle, augmentée d'une Préface fur l'Art hiftorique & du Jugement des Sçavans fur les ouvrages de l'Auteur.* 1764. in-12. 2 l. 10 f. —— *Le même, François.* in-12. 1 l. 10 f.
Statius. *in*-18.   1 l. 10 f.
Silius Italicus. *in*-18.   1 l. 10 f.
Semaine Sainte, à l'ufage de Rome & de Paris. en latin. in-24.   1 l. 4 f.
Selecta è Novo Teftamento Hiftoria, ex Erafmi paraphrafibus defumpta, opufculum Elementarium, in gratiam tyronum, in-12. 1766. *Nova Edit.*   1 l.
—— Le même, lat. franç. *in*-12. 1764.   1 l. 16 f.

T

Titus Livius cum notis Clerici, *avec cartes*, 3 vol. *in*-12.   7 l. 10 f.
Terentius cum notis Juvencii. *in*-12.   2 l. 10 f.
Turfellini Lauretanæ Hift. Libri quinque. *in*-18.   18 f.

V

Virgilius cum interp. ac notis Ruæi. *in*-4°.   15 l.
—— Idem 3 vol. cum interp. ac notis. *in*-12.   7 l. 10 f.
—— Idem cum notis. *in*-12.   3 l. 10 f.
—— Idem fine notis, *in*-12.   2 l. 10 f.
—— Idem fine notis. *in*-18. & *in*-24.   1 l. 4 f.
—— *Le même lat. & franç. trad. par Catrou.* 4 *vol. in*-12. *fig.* Les vol. fe vendent féparément 2 liv. 10 f.   10 l.
Velleius Paterculus cum notis Buffierii. *in*-12.   2 l.
—— fine notis. *in*-24.   15 f.
—— Lat. & fr. trad. par M. Doujat. *in*-12. 2 l. 10 f.
Vita fancti Ignatii Auct. P. Maffeio. *in*-24.   1 l. 4 f.

CATALOGUE

De différents traités des Auteurs Grecs & Latins, en grandes feuilles in-4°.

A l'usage des Colléges & des Pensions.

EX HOMERO.

Homeri Iliados, Liber I, gr. & lat. *in-*8°.
—— *Idem*, tout gr. *in-*4°.
—— Liber II, gr. & lat. *in-*8°.
—— *Idem*, tout gr. *in-*4°.
—— Lib. III, gr. & lat. *in-*8°.
—— Lib. IV, gr. *in-*4°.
—— *Idem*, lat. & gr. *in-*8°.
—— Lib. V, gr. *in-*4°.
—— Lib. X, gr. *in-*4°.
—— Lib. XI, gr. *in-*4°.
—— Lib. XVII, gr. *in-*4°.
—— Lib. XVIII, gr. *in-*4°.
—— Lib. XIX, gr. *in-*4°.
—— Odysseæ, Lib. I, gr. *in-*4°.
—— Lib. VIII, gr. *in-*4°.
—— Lib. XI, gr. *in-*4°.
—— Lib. XII, gr. *in-*4°.
Homeri selecti loci, gr. & lat. cum notis, *in-*4°.
—— Batrachomyomachia, gr. *in-*4°.
—— Hymni in Apollinem. gr. *in-*4°.

EX ISOCRATE.

Isocratis ad Nicoclem oratio, gr. & lat. *in-*8°.
—— Ad Demonicum, gr. & lat. *in-*8°.
—— Panegyrica oratio, gr. & lat. *in-*8°.
—— Ad Philippum, gr. *in-*4°.
—— Epistolæ aliquot, gr. *in-*4°.
—— Busiridis laudatio, gr. *in-*4°.
—— Archidamus, gr. *in-*4°.
—— Amartyros, gr. *in-*4°.

EX DEMOSTHENE.

Demosthenis Philippica orat. I, II, III, IV, gr. *in*-4°.
— De Corona, gr. & lat. *in*-8°.
— Olynthiaca III, gr. *in*-4°.
— Epistolæ sex gr. *in* 4°.
— Oratio suasoria de Republica ordinanda, gr. *in*-4°.

EX LUCIANO.

Luciani mortuorum dialogi selecti, gr. *in*-4°.
— *Idem* gr. & lat. cum interpret. latina & grammatica singularum vocum explanatione, *in* 12.
— Timon gr. *in*-4°.
— Gallus, gr. *in*-4°.
— Judicium vocalium, gr. *in*-4°.
— De morte peregrini, gr. *in*-4°.
— De Gymnasiis, gr. *in*-4°.
— Somnium seu vita, gr. *in*-4°.
— Adversus indoctum, gr. *in*-4°.

EX XENOPHONTE.

Xenophontis Atheniensium Respublica, gr. *in*-4°.
— Oratio pro Rege Agesilao, gr. *in*-4°.
— De factis & dictis Socratis, gr. *in*-4°.

EX D. CHRYSOSTOMO.

Chrysostomus, de oratione, gr. & lat. *in*-8°.
— De precibus, gr. & lat. *in*-8°.
— De liberorum educatione, gr. & lat. *in* 8°.
— De dilectione ex diversis Homiliis, gr. & lat. *in*-8°.
— De Jejunio, gr. & lat. *in*-4°.
— De Josephi castitate, gr. *in*-4°.

EX PLUTARCHO.

Plutarchus de fraterno amore, gr. *in*-4°.
— *Idem*, latin, *in*-18.
— De Curiositate, gr. *in*-4°.
— Sertorius, gr. *in*-4°.
Vita C. Marii a Plutarcho scripta, *en grec*, *in*-12.

EX VARIIS AUCTORIBUS.

Plato : apologia Socratis, gr. *in*-4°.
Callimachi Hymnus in Jovem, gr. *in*-4°.
— *Idem* in Apollinem, gr. *in*-4°.
Ciceronis Paradoxa, gr. & lat. *in* 8°. } *à P. Petavio.*
— De Amicitia, gr. & lat. *in*-8°.

Pindari Olympia, gr. in-4°.
Philo de Virtutibus, gr. in-4°.
Basilii Epistolæ, gr. & lat. in-8°.
Hesiodi opera & vita, gr. in-4°.
Demophili sententiæ morales, gr. & lat. in 8°.
Idiotismi Verbi Græci, gr. in-4°.
Aristidis in Romam oratio, gr. in-4°.
Agapeti expositio, gr. & lat. in-8°.
Sententiæ ex diversis Poetis, gr. in-4°.
Euripidis Medea, gr. in-4°.
— *Ejusdem* Heraclidæ, gr. in-4°.
Æsopi Fabulæ selectiores : accessit Interpretatio, & vo-
   cum omnium Explicatio. gr. & lat. in-12. 1756.
Theocriti cantus, gr. in-4°.
Æliani variæ Historiæ, Lib.

EX CICERONE.

Ciceronis Epistolæ selectæ, Lib. I, II, III, IV, in-4°.
— Ad familiares, Lib. I, II, III, IV, in-4°.
— Ad Q. fratrem, Lib. I, in-4°.
— De Senectute, in-4°.
— *Idem* cum notis Marsi, in-12.
— De Amicitiâ, in 4°.
— *Idem* cum notis Marsi, in-12.
— Paradoxa, in-4°.
— *Idem* cum notis Marsi, in 12.
— Somnium Scipionis, in-4°.
— *Idem* cum notis Marsi, in-12.
— De Officiis, Lib. I, II, III. in-4°.
— Tusculan. quæst. Lib. IV. in-4°.
Orat. pro Ligario, in-4°.
— Pro Archia Poeta, in-4°.
— Pro Rege Dejotaro, in-4°.
— In Catilinam, I, II, III, IV, in-4°.
— Pro Murena, in-4°.
— Pro Marcello, in-4°.
— Pro Lege Manilia, in-4°.
— In Pisonem, in-4°.
— Pro Sextio, in-4°.
— Pro Milone, in-4°.
— Pro Roscio Amerino, in-4°.

— Pro Rabirio Posthumo, *in-4°*.
— Pro Rabirio perduellionis reo, *in-4°*.
— Post reditum in Senatu, *in-4°*.
— In Verrem de suppliciis, *in-4°*.
————— de Signis, *in-4°*.
— Philippica, I, II, III, XII, XIV, *in-4°*.
— De Provinciis Consularibus, *in-4°*.
— De Haruspicum responsis, *in-4°*.
— Pro Quinctio, *in-4°*.
— Pro Cœlio, *in-4°*.
— Ad Herennium, Liber I, *in-4°*.
— Oratoriæ Partitiones, *in-4°*.
— De Consolatione Tulliæ, *in-4°*.
— De Divinatione, Lib. I, II, *in-4°*.
— De Legibus, Lib. I, *in-4°*.

EX VIRGILIO.

Virgilii Bucolica, *in-4°*.
— Georgicon, I, IV, *in-4°*.
— Æneidos, lib. I, II, usque ad duodecimum, *in-4°*.
— Culex, *in-4°*.

EX PHÆDRO.

Phædri fabularum, lib. I, II, III, IV, V, *in-4°*.

EX OVIDIO.

Ovidii Epistolæ ex libris e Ponto, *in-4°*.
— Sententiarum selectæ centuriæ, *in-4°*.
— Tristium, Lib. I, II, III, IV, *in-4°*.
— Metamorphoseon, Liber, I, II, III, VII, XI, XII, XIII, XV.
— In Ibin, *in-4°*.

EX VARIIS POETIS.

Epigrammatum delectus ex diversis Auctoribus, *in-4°*.
Aviani fabulæ, *in-4°*.
Claudiani de raptu Proserpinæ, libri tres, *in-4°*.
Laberii & aliorum veterum sententiæ, *in-4°*.
Aphtonii progymnasmata, *in-18*.
Nombres Romains, in-4°.

FINIS.

NOUVEAUTÉS.

Missionnaire Paroissial, ou Prônes pour tous les Dimanches de l'année, par M. Chevassu, ancien Curé de S. Claude, 4 vol. in-12. 10 l.

Les Droits de la Religion Chrétienne & Catholique sur le cœur de l'homme, 2 vol. in-12. 5 l.

De Imitatione Christi, Libri quatuor, ex recensione Valart, cum fig. elegant. Nov. Edit. in-12. veau doré, 1764. 6 l.

—— Idem in-24. nova editio, veau doré, 1764. 3 l.

—— La même, trad. en François, par M. l'Abbé Valart, in-12. veau doré, avec figures. 6 l.

Théâtre des Grecs, par le P. Brumoy, nouvelle édition, corrigée & augmentée, 6 vol. in-12. 1765. 15 l.

Traduction du Traité de l'Orateur de Cicéron avec des notes, par M. Colin, in-12. lat. franç. 2 l. 10 s.

Oraison funèbre de Madame de Thimbronne de Valence, Abbesse de Fontevrault, prononcée le 25 Septembre 1765. par M. l'Abbé Testas, in-4. 1 l. 4 s.

Traduction en prose & en vers d'une ancienne Hymne sur les fêtes de Vénus, intitulé *Pervigilium Veneris*: in-8. broché. 1 l.

Les Principes naturels du Droit & de la Politique, 2 vol. in-12. pp. broché. 3 l.

Pastorales & Poémes de M. Gessner, qui n'avoient pas encore été traduits, &c. in-8. broché. 1 l. 16 s.

Bona de sacrificio Missæ, in-12. 1761. 2 l.

Vies des Peres, des Martyrs, & des autres principaux Saints, tirées des Actes originaux & des Monuments les plus authentiques ; avec des Notes historiques & critiques, trad. de l'Anglois, in-8°. Tome I. II. & III. 18 l.

Le Tome IV. sous presse.

Cet Ouvrage contiendra environ dix Volumes.

Sermons nouveaux sur les Vérités les plus intéressantes de la Religion, 2 vol. in-12. nouv. édit. 1765. 5 l.

Histoire de Saladin, Sultan d'Egypte & de Syrie, par M. Marin, 2 vol. in-12. 1763. 5 l.

Méditations sur les Vérités Chrétiennes & Ecclésiastiques, par M... Curé de S. Claude, 6 vol. in-12. 1764. 15 l.

Ecolier Chrétien, ou traité des devoirs d'un jeune homme

qui veut sanctifier ses études, par M. Collet, 1766. 1 l. 10 s.
La nouvelle Ecole du monde, 2 vol. *in*-12. 1764. 5 l.
Lettres de Madame de Sevigné, 8 *vol. in*-12. 16 l.
Bibliothéque de Campagne, 24 *vol. in*-12. 60 l.
Synopsis universa Praxeos-Medica, Auctore J. Lieutaud, 2 vol. in-4. 1765. 18 l.
Introduction à la Syntaxe Latine pour apprendre à composer en Latin, avec des Exemples de Thêmes, par M. Clarke, Ouvrage traduit sur la sixiéme édition Angloise, *in*-12. 1765. 2 l. 10 s.
Encomium Moria, ou l'Eloge de la Folie, en latin, par Erasme. Ce Livre est imprimé avec soin & sur un papier magnifique; il peut entrer dans la collection des Auteurs Latins, petit *in*-8°. 1765. en veau, doré sur tranche. 6 l.
Stimulus Pastorum, ex sententiis Patrum concinnatus, in-12 1765. 2 l. 10 s.
Dictionarium universale, seu Boudot, quarta decima editio aucta & emendata. in-8°. 1765. 5 l. 10 s.
Apparat Royal, ou Dictionnaire françois & latin, enrichi des meilleures façons de parler, en l'une & l'autre Langue, nouvelle édition, revue, corrigée & augmentée d'un grand nombre de Mots & de Phrases, mises dans un ordre plus facile & plus méthodique que dans les précédentes éditions; avec le Dictionnaire Géographique à la fin. *in*-8°. 1766. 3 l.
Réthorique Françoise, par M. Gibert, *in*-12. 1766. 50 s.
Hist. Universelle, par Bossuet, 2 *vol. in*-12. 1765. 5 l.
L'Année Chrétienne, par Croiset, 18 vol. *in* 12. 54 l.

Traductions de M. l'Abbé d'Olivet, in-12.

Pensées de Cicéron, pour servir à l'éducation de la Jeunesse, sixiéme édition, 1764. 2 l. 10 s.
Philippiques de Démosthène & Catilinaires de Cicéron, cinquiéme édition, 1765. 2 l. 10 s.
Entretiens de Cicéron sur la Nature des Dieux, quatriéme édition, 2 *vol*. 1766. 5 l.
Tusculanes de Cicéron, quatr. édit. 2 *vol*. 1766. 5 l.
Remarques sur Racine, *in*-12. 1766. broch. 1 l. 10 s.

CATALOGUE Des Livres

IMPRIMÉS,

Ou dont il y a nombre chez BARBOU, Imprimeur Libraire, rue & vis-à-vis la Grille des Mathurins.

A PARIS, 1779.

Edition des Auteurs Latins, de format petit in-12. ornée de Planches, Vignettes, Culs de lampes, Fleurons, &c. dessinés & gravés par M. M. Cochin & Eisen, & autres Graveurs célèbres, que BARBOU continue d'imprimer. Il distribue à ce sujet un avis raisonné sur cette collection.

POETÆ.

ANTIQUI.

CATULLUS, Tibullus, Propertius, &c. 1 vol. 1754.	6 l.
Lucretius. 1 vol. 1754.	6 l.
Virgilius, 2 vol. 1767.	12 l.
Horatius. 1 vol. 1775.	6 l.
Juvenalis & Persius. 1 vol. 1778.	6 l.
Phædri & Aviani Fabulæ. 1 vol. 1754.	6 l.
Martialis Epigrammata. 2 vol. 1754.	12 l.
Plauti Comœdiæ, 3 vol. 1759.	18 l.
Ovidius Naso, 3 vol. 1762.	18 l.
Lucani Pharsalia, cum Supplementis Maii, 1 vol. 1767.	6 l.
Terentius, 2 vol. *in-12. Mérigot*.	13 l.

RECENTIORES.

Bezæ, Mureti, Secundi, Bonefonii Juvenilia. 1 vol. 1757.	6 l.
Sarcotis & Caroli V. Imp. Panegyris, Carmina; tum de Heroica Poesi tractatus, Auctore Masenio. 1 vol. 1771.	4 l.
Sarbievii (Casimiri) Carmina, 1759. 1 vol.	4 l.
Desbillons Fabulæ Æsopiæ, curis posterioribus omnes fere emendatæ, 1 vol. 1778.	4 l.
Vanierii Prædium rusticum, 1 vol. 1774.	6 l.

A

HISTORICI.

Salluſtius. 1 vol. 1774.	6 l.
Cornelius Nepos. 1 vol. 1767.	6 l.
Eutropius. 1 vol. 1754.	6 l.
Velleius Paterculus & Florus. 1 vol. 1776.	6 l.
Cæſaris Commentaria. 2 vol. 1755.	12 l.
Q. Curtius. 1 vol. 1757.	6 l.
Cornelius Tacitus. 3 vol. 1760.	18 l.
Juſtinus. 1770.	6 l.
Titus Livius. 7 vol. 1775.	42 l.
C. Plinii Hiſtoria Naturalis. 6 vol. 1769.	36 l.

PHILOSOPHI ET ORATORES.

Ciceronis Opera. 14 vol. 1768.	84 l.
Encomium Moriæ ab Eraſmo & Mori Utopia. 1 v. 1776.	6 l.
Plinii Epiſtolæ & Panegyricus Trajano dictus, 1769.	4 l.
Selecta Senecæ opera, cum interp. Gallica, 1761.	4 l.
Seneca de Beneficiis & de Clementia excerpta in gallicum converſa, 1776.	4 l.

SCRIPTORES SACRI.

Novum Jeſu-Chriſti Teſtamentum, juxta Exemplar Vaticanum, cum tabula geogr. 1 vol. 1767.   6 l.

De Imitatione Chriſti, Libri quatuor, ad octo manuſcriptorum ac primarum editionum fidem caſtigati, & mendis plus ſexcentis expurgati. Ex recenſione JOSEPHI VALART. Diſſertationemque de ejuſdem operis auctore addidit. 1 vol. in-12. *cum figuris.* 1773.   6 l.

—— *Le même Livre traduit par M. Valart*, in-12. *doré ſur tranche, avec figures.* 1773.   6 l.

Le prix de cette Collection, qui forme aujourd'hui 67 volumes, reliés en veau, dorés ſur tranche, avec filets d'or ſur le plat, eſt de 391 liv.

On a imprimé des Exemplaires ſur du papier d'Holl.

AUCTORES *ad usum Serenissimi Delphini, cum interpretatione ac notis*, in-4°.

Ausonius, per Julian. Floridum. ex edit. & cum animadv. J. B. Souchai. 1730. *Paris.*
Aurelius Victor, per Annam Fabram. *Paris.* 1726.
Ciceronis orationes, per Carolum D. Merouville. 3 vol. *Paris.* 1684.
────── ejusdem Epistolæ ad familiares, per Phil. Quartier. *Paris.* 1685.
────── Opera Philosophica, per Fr. l'Honoré. *Paris.* 1689.
Eutropius, per Ann. Fabram. *Paris.* 1726.
Florus, per Ann. Fabram. *Paris.* 1726.
Julius Cæsar, per J. Goduinum. *Paris.* 1678.
Titus Livius, cum suppl. J. Freinshemii, per Joan. Doujatium. 6 vol. *Paris.* 1679.
────── *Idem*, 6 vol. *Venetiis.* 1714.
Corn. Nepos, per Nic. Courtin. *Paris.* 1726.
Velleius Paterculus, per Rob. Riguez. *Paris.* 1726.
Phædri Fabulæ, per Pet. Danetium. *Paris.* 1726.
Sallustius, per Dan. Crispinum. *Paris.* 1726.
Virgilius, per Carol. Ruæum. *Paris.* 1722.

ORATORES ET HISTORICI.

Ciceronis Opera omnia, recensuit Lallemand, 14 vol. in-12. en veau doré sur tranche. 1768. 84 l.
—— *Orationes quæ in Universitate Parisiensi vulgò explicantur, cum notis ex optimis quibusque Commentatoribus selectis. Juxta accuratissimam D. Lallemand Editionem*, 3 vol. in-12. 1768. 7 l. 10 s.
—— *Eclogæ, quas in usum puerorum selegit, & Gallicas ex Latinis fecit Jos. Olivetus*, in-12. 1769. gros caract. 1 l. 4 s.
—— *Epistolæ Selectæ ad Atticum, cum notis*, in-12. 2 l.
—— *Orationes omnes*, 3 vol. in-24. 4 l. 10 s.
—— *Opera Philosophica, cum notis*, in-12. 1777. 2 l. 10 s.
Q. Curtius, cum notis, in-24. 1 l. 5 s.
—— *Idem, sine notis*, in-24. Holl. 1 l. 10 s.
Justinus cum notis select. variorum. in-12. 2 vol. 4 l.
Titus Livius cum notis Crevier, 6 vol. in-12. 1768. 18 l.
Plinii Epistolæ & Panegyricus Trajano dictus, nova editio, recensuit D. Lallemand, in-12. 1769. veau doré, 4 l.
Panegyrici Veteres, cum notis Variorum, 2 vol. in-12. 6 l.
Sallustius, in-24. Holl. 1 l. 10 s.
Suetonius Tranquillus cum Casauboni animadv. & Dissertat. polit. J. Bœcleri, in-4°. 9 l.
—— *Idem, cum notis*, in-24. 3 l.
Corn. Tacitus, juxta accuratissimam D. Lallemand editionem, in-12. 1769. 2 l. 10 s.
—— *Idem, in-24.* Amst. 3 l.
Vegetii Institut. Rei Militaris Libri quinque, in-12. 1762. 3 l.
Titus Livius, ex recensione Lallemand, 7 vol. in-12. en veau doré sur tranche, 1775. 42 l.
Corn. Taciti opera recognovit, emendavit, supplementis explivit, notis, dissertationibus, tabulis geographicis illustravit Gabriel Brotier, 4 vol. in-4°. 1771. veau doré sur tranche. 96 l.
—— *Idem*, 7 vol. *in-12.* 1776. 24 l.

TRADUCTIONS
DES ORATEURS ET HISTORIENS.

Oraisons de Ciceron, avec des Notes critiques & historiques, traduites en françois sur la nouvelle Edition de Hollande, par M. de Villefore. 8 vol. *in-*12. 24 l.

—— choisies de Cicéron, traduction revue par MM. d'Olivet & Wailly, avec le latin à côté, sur l'édition de M. l'Abbé Lallemand, & avec des notes, nouvelle édition, retouchée avec soin, 4 vol. *in-*12. 1778. 12 l.

Les volumes se vendent séparément 3 l.

—— Les Livres de Cicéron, de la Vieillesse, de l'Amitié, les Paradoxes, le Songe de Scipion, traduction nouvelle, avec le Latin revu sur les textes les plus corrects, quatrieme édit. augmentée de la Lettre Politique à Quintus, & retouchée avec soin, par M. Debarrett, *in-*12. 1776. 2 l. 10 s.

—— *Du même Auteur.* Les Offices, traduction nouvelle, avec le Latin revu sur les textes les plus corrects, troisieme édition retouchée avec soin. *in-*12. 1776. 2 l. 10 s.

Pensées de Ciceron, traduites, pour servir à l'éducation de la Jeunesse, par M. l'Abbé d'Olivet, nouv. édition, revue & augmentée, *in-*12. 1777. 2 l. 10 s.

—— *Du même.* Philippiques de Démosthène & Catilinaires de Cicéron, sixiéme édition, revue avec soin par le même Traducteur, *in-*12. 1777. 2 l. 10 s.

—— *Du même.* Entretiens sur la Nature des Dieux, nouvelle édition, 2 vol. *in-*12. 1775. 5 l.

—— *Du même.* Tusculanes de Cicéron, traduites par MM. Bouhier & d'Olivet, quatriéme édit. 2 vol *in-*12. 1776. 5 l.

Remarques sur Cicéron, par M. le Président Bouhier, de l'Académie Françoise, *in-*12. 1766. 3 l.

Lettres de Cicéron à Atticus, traduites par l'Abbé Mongault, 4 vol. *in-*12. 1775. 12 l.

Pensées de Sénéque, traduites en françois, pour servir à l'éducation de la Jeunesse, par M. de la Beaumelle, *in-*12. 1768. 2 l. 10 s.

Comment. de César, lat. & franç. nouv. édit. revue & retouchée avec soin, par M. de Wailly, 2 vol. *in-*12. 1775. 6 l.

—— Les mêmes, tout franç. 2 vol. *in-*12. avec fig. Holl. 7 l.

Harangues choisies des Historiens Latins, Salluste, Tite-Live, Tacite, & Quinte-Curce, nouvelle traduction plus ample que les précédentes, 2 vol. *in-*12. lat. & franç. 1778. 5 l.

Cornelius Nepos, traduction nouv. avec des Notes géograph. & hiſtoriq. latin & franç. *in*-12. vol. de 588 p. 1771. 3 l.
Q. Curce, traduit par M. Vaugelas, nouv. édition avec le latin à côté, 2 *vol. in*-12. 1772. 6 l.
Lettres de Pline, 2 *vol.* 1773. 4 l. ⎫
Panégyrique de Trajan, *in*-12. 1772. 2 l. ⎬ *Par M. de Sacy.*
Traité de la Gloire. *in*-12. 2 l. 10 ſ. ⎬
Traité de l'Amitié, *in*-12. 1774. 2 l. ⎭
Quintilien, de l'Inſtitution de l'Orateur, trad. par Gédoyn, de l'Académie Franç. nouv. édit. 4 vol. *in*-12. 1770. 12 l.
Les Hiſtoires de Salluſte, traduites en françois, avec le Latin revu & corrigé, des notes hiſtoriques, & une table géographique, ſeconde édition, revue corrigée & augmentée de morceaux entiers tirés des fragments, par M. Beauzée, de l'Académie françoiſe, *in*-12. 1775. 2 l. 10 ſ.
Tite-Live, traduit par Guérin. La ſeconde & quatrieme Decades ont été retouchées par M. Coſſon, Profeſſeur, de l'Univerſité de Paris, 10 vol. *in*-12. 1772. 30 l.
Abrégé de l'Hiſtoire Grecque & Romaine, traduit du Latin de Velleius Paterculus, avec le texte corrigé, des notes critiques & hiſtoriques, une table géograph. par M. l'Abbé Paul, *in*-12. 1769. 3 l.
Le même, *in*-8°. 6 l.
Par le même. Traduction de Florus, avec notes, *in*-12. 1773.
Par le même. Hiſtoire univerſelle de Juſtin, avec des notes hiſtoriq. & géographiq. lat. & fr. 2 vol. *in*-12. 1774. 5 l.
Hiſtoires choiſies du Nouveau Teſtament, tirées des Paraphraſes d'Eraſme, par M. de Wailly, lat. & fr. nouv. edit. corrigée, *in*-12. 1775. 2 l.
Coutumes & Cérémonies obſervées chez les Romains, pour faciliter l'intelligence des anciens Auteurs; ouvrage traduit du Latin de Nieupoort, par l'Abbé Desfontaine, *in*-12. 50 ſ.
Petrone, latin & françois, 2 vol. *in*-12. 5 l.

POETÆ LATINI ET GRÆCI.

Homeri Ilias & Odyſſea, 4 vol. *in-fol. Glaſgua*, 1757, *editio nitidiſſima.* 96 l.
—— *Idem*, grec & latin. 2 *vol. in*-12. *Pariſ.* 10 l.
Horatius, cum interpretat. ac notis R. P. Juvencii, nova editio nitidiſſima & accurat. 2 vol. in-12. 5 l.
—— *Idem cum notis*, in-12. 1774. 2 l. 10 ſ.

―― *Idem juxta Edit. Elzevir.* in-18. Holl. 1 l. 10 f.
―― *Idem ex recensione T. Fabri*, in-12. 2 l.
―― *Idem scholiis sive annotationibus instar Commentarii illustratus à J. Bond*, in-12. 1767. belle édition, reliée en veau, doré sur tranche, 7 l. 4 f.
Juvenalis, cum interpret. ac notis Juvencii, in-12. 2 l. 10 f.
―― *Idem cum notis Farnabii*, in-12. 2 l.
―― *Idem sine notis.* in-24. Holl. 1 l. 10 f.
―― *Idem cum interpret. ac notis Rodellii.* in-12. 2 l.
Ovidii Opera, 3 vol. in-12. 1762. 9 l.
―― *Metamorphoseon Libri XV. cum notis gallicis, & Appendice gallico de Diis & heroibus Poeticis, ad usum scholarum.* in-12. 1771. *nova editio aucta.* 2 l. 10 f.
Virgilius, cum interpretatione ac notis Ruæi, necnon indice accuratissimo completus, in-4°. 15 l.
―― *Idem*, 3 vol. in-12. 1775. 7 l. 10 f.
―― *Idem, cum notis tantum.* in-12. 1778. 2 l. 10 f.
―― *Idem, ex Editione Heinsii.* in-12. Holl. 2 l. 10 f.
―― *Idem, Edimburgi*, 2 vol. in-8°. 6 l.
Martialis Epigrammata, cum paraphrasi & notis variorum selectissimis, ad usum Delphini, in-8°. 9 l.

TRADUCTIONS

DE CES MÊMES POETES.

L'Iliade d'Homere, traduction nouvelle, 3 vol. *in*-4. br. 36 l.
―― 3 vol. *in*-8. papier d'Hollande, brochés. 21 l.
―― 3 vol. *in*-8. Papier commun, brochés. 18 l.
―― 2 vol. *in*-12. reliés. 6 l.
Fables d'Esope mises en françois avec figures à chaque Fable, & les quatrains de Benserade, *in*-12. 1776. 2 l. 10 f.
Théâtre des Grecs par le P. Brumoy, nouvelle édition corrigée & augmentée, 6 vol. *in*-12. 1765. 18 l.
Tragédies de Sophocle, traduites par M. Dupuis, 2 vol. *in*-12. faisant suite au Théâtre des Grecs. 5 l.
Horace, traduit par le P. Sanadon, 8 vol. *in*-12. lat. franç. corrigé. 20 l.
Le même, 8 vol. *in*-12. lat. franç. *non corrigé*. Holl. 20 l.
Le même, 3 vol. *in*-12. lat. franç. avec un Diction. mythol. historiq. & géograph. pour bien entendre Horace. 7 l. 10 f.
Le même, 2 vol. *in*-12. lat. franç. *non corrigé*. Holl. 5 l.

Les Métamorphoses d'Ovide, nouvelle édition, 2 vol. *in*-12. latin & françois, 1778. 5 l.
Perse & Juvenal, trad. par Tarteron, *in*-12. lat. franç. 2 l. 10 f.
Les Fables de Phédre, traduites en françois, augmentées de huit Fables qui ne sont pas dans les éditions précédentes, avec des Remarques, lat. & franç. *in*-12. 1776. 2 l. 10 f.
Térence, traduit par Madame Dacier, latin & franç. nouv. édition, bien imprimée, 3 vol. *in*-12. avec fig. 1768. 9 l.
Virgile, par le P. Catrou, avec des Notes critiq. & historiq. latin & franç. avec figures à chaque livre. 4 *vol. in*-12. 10 l.
Traduct. en prose & en vers d'une ancienne Hymne sur les Fêtes de Vénus, intitulée *Pervigilium Veneris*, in-8°. 1 l.

Corpus omnium veterum Poetarum Latinorum, cum eorumdem Italica versione, 32 vol. in-4°.
Di Tito Lucrezio Caro della Natura delle cose Libri sei tradotti da Alessandro Marchetti, 1754. in-8°. 2 vol. fig. 36 l.
L'Eneide di Virgilio del Commendatore Annibal Caro, in-8°. 2 vol. dorés sur tranche, avec de belles figures. 36 l.
Aminta di Torquato Tasso, in-8°. grand papier. 3 l.
Italia liberata, 3 vol. in-8°. 9 l.
Jérusalem délivrée, Poëme du Tasse, nouvelle traduction, *in*-4. 1774. broché. 50 l.
—— 2 vol. *in*-8. papier d'Hollande, brochés. 36 l.
—— 2 vol. *in*-8. papier commun, brochés. 27 l.
—— 2 vol. *in*-12. reliés. 6 l.

POETÆ ET ORATORES LATINI RECENTIORES.

Desbillons Fabulæ Æsopiæ, curis posterioribus, omnes fere emendatæ; accesserunt plus quàm CLXX novæ, quinta editio in-12. 1778. veau doré, 4 l.
Sarcotis & Caroli V. Imp. Panegyris Carmina, tum de Heroica Poesi tractatus, auctore Masenio. Adjecta est Lamentationum Jeremiæ Paraphrasis, auctore D. Grenan, in-12. veau doré sur tranche. 1771. 4 l.
Eloge de Charles-Quint, Empereur; traduit du Pëme latin de Masénius, par Dom Ansart, Religieux Bénédictin de la Congrégation de S. Maur, lat. & franç. *in*-8. br. 1 l. 10 f.

Vanierii Prædium rusticum, in-8°. cum fig. 1774. 3 liv.
— Opuscula, in-12. 3 l.
Selecta Carmina, Orationesque clarissimorum quorumdam in Universitate Parisiensi Professorum; ou Recueil de Poésies & de Harangues de plusieurs Professeurs célèbres de l'Université de Paris, 2 vol. in-12. 4 l.
Santolii Hymni sacri & novi. in-12. 2 l. 10 s.
Sannazarii Opera omnia. in-12. 2 l. 10 s.
Bonefonii Carmina. in 12. 2 l. 10 s.
Porée Tragœdia, in-12. 2 l. 10 s.
Sarbievii (Casimiri) Carmina, in-12. 1759. veau doré. 4 l.
Du Cerceau Carmina. in-12. 2 l. 10 s.
Commirii Carmina. 2 vol. in-12. 5 l.
Ruai Carmina. in-12. fig. 3 l.
Sanadonis Carmina. in-12. 2 l. 10 s.
Rapini Carmina. 3 vol. in-12. 6 l.
Renati Rapini Hortorum Libri IV, cum Eclogis sacris, duabusque de Hortensi cultura, & Carmine Pastorali dissertationibus, in-12. 1764. 3 l.
Sidronius, Wallius, & Becan. 2 vol. in-12. 6 l.
Sautel Lusus Allegorici & Madeleneti Carmina, in-12. 2 l. 10 s.
Varia e variis Poëtis, Carmina & Orat. in-12. 2 l. 10 s.
Fabretti Carmina, in-8°. 4 l.
Anti-Lucretius, sive de Deo & Natura Libri novem; Carmen Card. de Polignac, in-12. 2 vol. 4 l.
L'Anti-Lucrece, Poëme sur la Religion naturelle, trad. en franç. par M. de Bougainville, in-12. 2 vol. 1768. 4 l. 10 s.
Ruris Deliciæ, ou Amusemens de la Campagne, en vers latins & françois, in-12. 2 l. 10 s.
Œuvres diverses du P. Baudory, nouv. édit. augmentée d'un Plaidoyer, in-12. 2 l. 10 s.
Discours sur l'Education, par M. Vicaire, ancien Recteur de l'Université, in 8°. 1763. broché. 1 l. 16 s.
Hymnes de Santeuil traduites en vers françois, par M. l'Abbé Poupin, in-12. 1760. 2 l. 10 s.
Joannis Oweni Epigrammata, in-8°. 3 l.

POETES FRANÇOIS.

Fables de la Fontaine. 2 *vol. in*-12. avec figures. 9 l.
——— Les mêmes, grand *in*-12. gros caractere. 3 l.
——— Les mêmes, petit *in*-12. 2 l. 10 f.
——— Les mêmes, trad. en lat. par le P. Giraud, 2 v. *in*-8. 10 l.
——— Les mêmes, en latin, 2 vol. *in*-12. 4 l. 10 f.
Œuvres de Boileau, enrichies de figures, 2 vol. *in*-4°. 30 l.
——— Les mêmes avec des Eclaircissements historiques, donnés par lui même, & rédigés par Brossette, nouvelle édition, augm. par Saint-Marc, 5 vol. *in*-8. dorés sur tranche, avec fig. 1772. Amsterd. 36 l.
——— Les mêmes avec Notes, 3 *vol. in*-12. petit format. 6 l.
——— Les mêmes, 2 *vol. in*-12. grand format. 1770. 6 l.
——— Les mêmes, avec les Poésies du P. Sanlecque, 2 vol. *in*-12. petit format. 1770. 4 l.
——— Les mêmes. *in*-12. petit format. 2 l.
Boleana ou bons mots de Boileau, *in*-12. 2 l. 10 f.
——— De Malherbe, nouv. édit. revue, corrigée avec soin, *in*-8°. bien impr. relié en veau, doré, 1776. 6 l.
——— De Regnard, 4 vol. *in*-12. 1778. 9 l.
——— De Moliere, 6 *vol. in*-4°. 120 l.
——— Le même, avec des Remarques grammaticales, des avertissements & des observations sur chaque piece, par M. Bret, 1773. 6 vol. *in*8. avec fig. doré sur tranche. 66 l.
——— Le même, avec les Remarques grammaticales & Observat. de M. Bret, 8 vol. *in*-12. 1778. 16 l.
——— De Racine, 3 *vol. in*-4°. 1760. 60 l.
——— Le même. 3 *vol. in*-12. 1770. 6 l.
——— Le même, 3 *vol. in*-12. grand format, fig. 1758. 9 l.
——— De Racine, fils, 6 vol. *in*-12. 13 l.
——— Poëme de la Religion, du même, 1 v. *in*-12. 2 l. 10 f.
——— De Gresset, 2 vol. *in*-12. 5 l.
——— Ververt, Poëme de M. Gresset, traduit en Vers Latins, avec le françois, *in*-8°. broché. 1 l. 10 f.
Les Chefs-d'œuvre de P. & Th. Corneille, nouvelle édition, augmentée de Notes & Commentaires de M. de Voltaire, 3 vol. *in*-12. 1771. 9 l.
Théâtre de P. Corneille, avec des Comment. & autres morceaux intéressants, 8 v. *in*-4°. 1774. avec fig. encartoné. 84 l.

DICTIONNAIRES ET GRAMMAIRES.

Martini Lexicon Philologicum, 2 vol. in-folio. 60 l.
Rob. Stephani Thesaurus Linguæ Latinæ, 4 vol. in-fol. Basileæ. 1740. 72 l.
Apparatus Lat. Græc. cum interpretat. Gallica, ex Demosthene, Isocrate. Nova Edit. auctior & emend. in-4°. 1754. 15 l.
Novitius. 2 vol. in-4°. 18 l.
Dictionarium Universale, latino-gall. seu Boudot, septima decima Editio aucta & emendata. in-8°. 1778. 5 l. 10 s.
Gradus ad Parnassum. in 8°. 1775. 5 l.
Dictionnaire universel, François & Latin, tiré des meilleurs Auteurs, par le P. le Brun, *in-4°.* trois. édit. 1770. 15 l.
—— Le même, François & Latin, dédié à Monseigneur le Dauphin, ouvrage composé sur le modele du Dictionnaire de Boudot. *in-8°.* nouv. edition, 1775. 5 l. 10 s.
Danetii Dictionarium, Latinum gall. ad usum Serenissimi Delphini. in 4°. 15 l.
Dictionarium latinum gallicum ex Cicerone & aliis auctoribus concinnatum, Seren. Duci Burgundiæ dicatum. in-4°. 12 l.
Trésor de la Langue Latine, par le P. Gaudin, franç. & latin, *in-4°.* nouv. édit. corrigée & augmentée, 9 l.
Le Grand Apparat, recueilli de Cicéron, Plaute, Sallufte, Pline, Térence, Juvenal, César, Tite-Live, Virgile, Horace, franç. lat. *in-4°.* 1755. 9 l.
Le Petit Apparat Royal, nouvelle édition considérablement augmentée, avec un Dict. géogr. *in-8°.* 1777. 3 l. 12 s.
Dictionnaire de la Langue Françoise ancienne & moderne de P. Richelet, nouv. édition augmentée d'un très-grand nombre d'articles. 3 *vol. in-fol.* 1759. 72 l.
—— *Le même* en abregé, nouv. édit. considérablement augm. par M. de Wailly, 2 vol. *in-8°.* 1774. 12 l.
—— Ou Traité de l'Orthographe françoise, nouv. édit. considérablement aug. par Restaut, *in* 8. Poitiers, 1775. 7 l. 10 s.
—— Des Rimes, *in-8°.* 1760. nouvelle édition revue par M. Berthelin. 7 l.
Dictionnaire d'Antiquités Grecques & Romaines, pour faciliter l'intelligence des Auteurs Grecs & Latins, par M. Furgault, *in-8°.* 1768. 4 l. 10 s.
—— François & Anglois, Anglois & François, par Boyer, *in-4°.* Lyon. 1768. 36 l.
—— Le même, 2 *vol. in-8°.* 15 l.

Officina Latinitatis, in-8. 4 l.
Cornelii Schrevelii Lexicon Manuale Græco-Latinum, in-8°. 1767. 7 l. 10 f.
Méthode pour apprendre facilement la Langue Grecque, par MM. de Port-Royal, *in*-8°. 7 l.
— La même en abrégé, *in*-12. 2 l.
Méthode pour apprendre facilement la Langue Latine, par MM. de Port-Royal, *in*-8°. 6 l.
— La même en abrégé, *in*-12. 1775. 2 l.
Introduction à la Syntaxe Latine, pour apprendre à composer en Latin, avec des exemples de Thêmes, &c. par Clarck, nouv. édit. augmentée d'un Vocabulaire lat. & fr. par M. de Wailly, *in*-12. 1773. 2 l. 10 f.
Sanctii Minerva cum animadverf. Perizonii, editio septima prioribus emendatior. Amstelodami. 1761. 2 vol. in-8°. 10 l.
Principes de la Langue Latine, mis dans un ordre plus clair, plus étendu, & plus exact ; à l'usage des principaux Colleges de l'Université de Paris, dixieme édition, refondue entiérement par M. de Wailly, Auteur de la Grammaire Françoise, *in*-12. trois parties, 1777. 1 l. 16 f.
Grammaire générale, ou Exposition raisonnée des Eléments nécessaires du Langage, pour servir de fondement à l'étude de toutes les Langues, par M. Beauzée, Professeur de Grammaire à l'Ecole R. M. 2 vol. *in*-8°. 1767. 12 l.
Principes généraux & particuliers de la Langue françoise, confirmés par des exemples choisis, instructifs, agréables, & tirés des bons Auteurs ; avec des Remarques sur les Lettres, la Prononciation, les Accents, la Ponctuation, l'Orthographe, & un Abrégé de la Versification Françoise, par M. de Wailly, huitiéme édit. revue & augmentée de la Prosodie, & dédiée à l'Université, *in*-12. 1777. 2 l. 10 f.
— Les mêmes, en abrégé, *in*-12. 1777. huitieme édit. 1 l. 4 f.
Remarques sur la Langue françoise, par M. l'Abbé d'Olivet, *in*-12. 1771. 2 l. 10 f.
Traité de la Poésie Franç. par le P. Mourgues. *in*-12. 2 l. 10 f.
Tables Géographiques, *in*-12. 1760. 1 l. 4 f.
Méthode abrégée & facile pour apprendre la Géographie, avec un abrégé de la Sphere & les Cartes nécessaires, par M. le François, dédiée à Mademoiselle Crozat, *in*-12. nouvelle édition, 1770. 3 l.

THÉOLOGIE.

Biblia sacra, 1 vol. in-8°.	1 l.
—— *Idem*, 7 vol. in-24. réliés en veau. Anvers.	14 l.
Bible de Madame Guyon, 20 vol. *in*-12. brochés.	40 l.
Concordantia Bibliorum, in-4°.	36 l.
Principes de la Théologie morale, par M. la Font. 2 *vol.*	5 l.
Augustini Sancti Vita & Indices. in-fol.	15 l.
—— *Opuscula*, 3 vol. in-12.	7 l. 10 f.
Sermons de S. Grégoire de Nazianze, surnommé le Théologien, traduits du Grec, avec des Notes, 2 vol. in-8°.	10 l.
Homélies de Saint Jean Chrysostôme sur la Genese, & sur les Actes des Apôtres. 3 *vol.* in-8°.	18 l.
—— Sur l'Evangile de S. Matthieu. 3 vol. in-8°.	18 l.
Abrégé de Saint Jean Chrysostôme, sur l'Ancien Testament, nouvelle Edition, *in*-12. 1757.	2 l. 10 f.
Œuvres de S. Clement d'Alexandrie, traduites du Grec, avec les Opuscules de plusieurs Peres Grecs, in-8°.	5 liv.
Œuvres de S. Cyprien, Evêque de Carthage, avec des Remarques, une nouvelle Vie tirée de ses Ecrits, traduction françoise, par M. Lombert. in-4°.	9 l.
Lettres de S. Bernard, avec des Notes d'Horstius & de Dom Mabillon, trad. en fr. par M. de Villefore, 2 *vol. in*-8°.	10 l.
Maldonati de Sacramentis opera. in-folio.	18 l.
Optatus de schismate Donatistarum libri VII. opera & studio Dupin. in-folio.	18 l.
Epitres & Evangiles avec des Réflex. *in*-12. 1767.	2 l. 10 f.
—— Les mêmes, *in*-18. 1773.	15 f.
Instr. Chrét. & Prieres à Dieu sur les Epitres & Evangiles pour tous les jours de l'Année, par le R. P.*** de l'Orat. in-12.	3 l.

BIBLIOTHEQUE DES AUTEURS ECCLESIASTIQUES, par M. l'Abbé Dupin, dont on vendra les Ouvrages ci-après séparément, [en feuilles] savoir,

Dissertations préliminaires, ou Prolegomenes sur la Bible, tant sur l'ancien que sur le nouveau Testament, 3 *vol.*   12 l.
Les trois premiers siecles, 2 *vol.*   8 l.
Le quatrieme siecle, 3 *vol.*   12 l.
Le cinquieme siecle, 4 *vol.*   16 l.
Le sixieme siecle, 1 *vol.*   4 l.
Les septieme & huitieme siecles, avec la réfutation des Peres de saint Vannes, 1 *vol.*   4 l.
Histoire de l'Eglise, Supplément des quatrieme, cinquieme, sixieme, septieme & huitieme siecles, 1 *vol.*   4 l.
Le neuvieme siecle, 1 *vol.*   4 l.
Les dixieme, onzieme & douzieme siecles, 4 *vol.*   16 l.
Le seizieme siecle, 5 *vol.*   20 l.
Le dix-septieme siecle, 7 *vol.*   28 l.
Histoire Ecclésiastique du dix-septieme siecle, 4 *vol.*   16 l.
Le dix-huitieme siecle, 2 *vol.*   10 l.
Continuation du dix-huitieme siecle, par M. l'Abbé Goujet, 3 *vol.* 15 l.
Table universelle des Auteurs Ecclésiastiques, 5 *vol.*   20 l.
Traité de la Doctrine Chrétienne & orthodoxe, 1 *vol.*   4 l.
Traité de l'Amour de Dieu, 1 *vol.*   4 l.

De la Connoissance de Jesus-Christ, 2 vol. *in*-12. 1762. 5 l.
La même, 1 vol. *in*-12.   3 l.
Regula Cleri, ex sacris litteris, sanctorum Patrum monimentis, Ecclesiasticisque sanctionibus, excerpta, quinta editio, cui accessit proxima præparatio ad mortem, in-12. 1770. 2 l. 10 s.
Stimulus Pastorum, ex sententiis Patrum concinnatus, in-12. 1765.   2 l. 10 s.
Divoti Affetti d'un' anima verso Dio con fruttuosi e santi Pensieri per tutti i giorni dell' anno in prosa e in versi. in-12. 1768.   2 l. 10 s.
Histoire du vieux & du nouveau Testament, par M. de Royaumont, *in*-12.   2 l. 10 s.
Le nouveau Testament traduit par M. Valart. *in*-24. 1 l. 10 s.
Graduale Romanum, editio prima, cantui Romano simillima, in-12. broché.   2 l. 10 s.
Vesperale Romanum, in-12. broché.   2 l. 10 s.
Diurnal Romain, rubriques latines, *in*-24.   1 l. 10 s.
Prieres de l'Ecriture Sainte, avec l'Office de l'Eglise, en latin & en franç. dédiées à M.^{dme} de Maintenon. *in*-12. 1754. 3 l.

Pseaumes de David, avec de courtes notes pour l'intelligence du texte Latin, placé à côté de la Traduction, *in*-12. 2 l. 10 f.

La Journée du Chrét. nouv. Edit. augm. *in*-24. 12 f.

Etrennes du Chrétien, *in*-32. 1778. avec le Calendrier de l'année, *réliées en veau*, 1 l. 4 f. *en maroquin*, 2 l.

L'Office complet du Paroissien, suivant le Breviaire de Paris & de Rome, *in*-24. 1769. 1 l. 4 f.

Semaine Sainte, en latin, à l'usage de Rome & de Paris, *in*-24. 1 l. 4 f.

Office de la Sainte Vierge, latin & françois, avec des Prieres pour la Messe, les Vêpres du Dimanche, & les Litanies, *in*-32. relié en veau, *doré sur tranche*, 1 l. 5 f.

Paradisus Animæ Christianæ, ab Horstio, *in*-8°. 9 l.

De Imitatione Christi libri quatuor, ad octo manuscriptorum ac primarum editionum fidem castigati, & mendis plus sexcentis expurgati. Ex recensione VALART, *in*-12. *doré sur tranche, avec figures.* 1773. *nouvelle edition*, 6 l.

—— Idem *in*-12. petit format, doré sur tranche. 3 l.

—— *Idem in*-24. 1773. édition avec cadres. 15 f.

—— La même, traduite sur l'édit. lat. de 1764. par M. Valart, & même format, *in*-12. 1773. 3 l.

—— La même, *in*-24. Edition avec cadres. 1775. 15 f.

Œuvres diverses du P. Rapin, contenant l'esprit & la perfection du Christianisme, l'importance du Salut, la Foi des derniers Siécles, la vie des Prédestinés, 2 *vol. in*-12. 5 l.

Lettres chrétiennes & spirituelles, par M. Varet, Grand Vicaire de Mgr de Gondrin, Archevêque de Sens, 3 *vol. in*-12. 6 l.

Recueil de Lettres Spirituelles sur divers sujets de Morale & de Piété, par le R. P. *** de l'Oratoire, 3 *vol. in*-12. 6 l.

Du même. Pensées pieuses, tirées des Réflexions morales, 2 l.

Du même. Instructions Chrétiennes & Elévations à Dieu sur la Passion, avec les Octaves de Pâques, de la Pentecôte, du S. Sacrement & de Noël, tirées des Réflexions morales, *in*-12. 3 l.

Instruction de la Jeunesse, par Gobinet, *in*-12. 2 l. 10 f.

Du même. Addition à l'Instr. de la Jeunesse, *in*-12. 2 l. 10 f.

Du même. De la Pénitence, *in*-12. 2 l. 10 f.

Du même. Instruction sur la Religion, *in*-12. 1771. 2 l. 10 f.

Vies des Saints, par le P. Giry, 3 *vol. in-fol.* 50 l.

Vies des Peres, des Martyrs, & des autres principaux Saints, tirées des Actes originaux & des monuments les plus authentiques; avec des Notes hiſtoriques & critiques, trad. de l'Anglois., *in-*8°. 10 vol. 60 l.

— *Le Tome XI ſous preſſe.*

Journal des Saints, par Groſez, 3 *vol. in-*12. 1746. 7 l. 10 ſ.
Vie de S. Bernard, par M. de Villefore, *in-*4°. 9 l.
Hiſtoire de la Vie & du Culte de S. Leonard du Limoſin, par M. l'Abbé Oroux, dédiée à la Reine, 1760. *in-*12. 2 l. 10 ſ.
Sermons de la Colombiere, mis en meilleur françois, nouvelle édition, 6 *vol. in-*12. 1757. 15 l.
Prônes de Girard, 4 vol. *in-*12. 10 l.
Entretiens Ecclèſiaſtiques pour tous les Dimanches de l'Année, ſur les Myſteres de Notre Seigneur Jeſus-Chriſt, ſur les Fêtes de la Vierge & de Saint Charles Borromée, compoſés par l'ordre de Monſeigneur l'Evêque & Comte d'Uſès, par M. de la Font. 5 *vol. in-*12. 12 l. 10 ſ.
Paſtoral du Dioceſe de Limoges, où l'on explique les obligations des Eccléſiaſtiques & des Paſteurs, & la maniere de s'acquitter dignement des fonctions ſacrées, par Monſeigneur l'Illuſtriſſime & Révérendiſſime Louis d'Urfé, Evêque de Limoges. 3 *vol. in-*12. 9 l.
Méditations pour toute l'année, par Boiſſieu, 4 *vol. in-*12. 10 l.
Traité de la Foi & des Devoirs des Chrétiens, *in-*12. 2 l. 10 ſ.
Méditations ſur les Vérités Chrétiennes & Eccléſiaſtiques, par M… Curé du Dioceſe de S. Claude, 6 vol. *in-*12. 15 l.

JOURNAL

JOURNAL ECCLESIASTIQUE.

Journal Ecclésiastique, ou Bibliotheque raisonnée des Sciences Ecclésiastiques, par M. l'Abbé Dinouart, Chanoine de l'Eglise Collégiale de Saint Benoît, & de l'Académie des Arcades de Rome ; Ouvrage dédié à S. A. M. le Prince Louis de Rohan, Coadjuteur de l'Evêché de Strasbourg.

Ce Journal commencé en Octobre 1760, contient 14 volumes par année, dont le prix est de 9 liv. 16 s. Les personnes qui voudront le recevoir directement par la Poste, payeront 14 liv. à raison de 6 s. pour le port de chaque volume, & ils en feront tenir le montant avec la Lettre d'Avis au Libraire, franc de port.

JURISPRUDENCE.

Le Nouveau Coutumier général, ou Corps des Coutumes générales & particulieres de France, & des Provinces connues sous le nom des Gaules. 4 vol. in fol.   120 l.

Notables & singulieres Questions de Droit Ecrit, jugées au Parlement de Toulouse, conférées avec les Préjugés des autres Parlements de France, par Maynard, 1751. 2 vol. in-fol.   40 l.

La grande Conférence des Ordonnances & Edits Royaux, par Guénois, 3 vol. in-folio.   24 l.

Défense de la Censure de la Faculté de Théologie de Paris, contre les Mémoires de la Chine. in-12.   2 l. 10 s.

HISTOIRE.

De Doctrina Temporum, auctore Petavio, 3 vol. in-fol. 60 l.
Histoire Universelle, par Bossuet, 1 vol. in-4°.   15 l.
—— La même, 2 vol. in-12.   5 l.
—— La même, en Latin, 1 vol. in-12.   3 l.
—— des Juifs, par Demandes & par Réponf. 3 vol. in-12. 6 l.
Description Historique & Géographique de la France ancienne & moderne, enrichie de Cartes, par M. de Longuerue, in-folio.   30 l.
Histoire de la Ville de Reims, 3 vol. in-12.   7 l. 10 s.
Dissertation sur les Origines de Toulouse, in-12. br. 1 l. 4 s.
Historia Ecclesia Parisiensis, 2 vol. in-folio.   36 l.

Annales de la Monarchie Françoise. 3 *vol. in-fol.* fig. 60 l.
Abrégé de l'Histoire de France, en vers techniques, avec leur explication ; par M. Fortier, *in-8°. broché*. 1 l. 16 f.
Voyage de la Terre Sainte, par le P. Nau, *in-12.* 3 l. 10 f.
Theatro Belgico di Gregorio Leti. 2 vol. in-4°. 18 l.
—— *Gallico.* 7 vol. in-4°. 60 l.
Histoire Poétique, pour l'intelligence des Poëtes, &c. par le P. Gautruche, nouv. édition, *in-18*. 1759. 1 l. 4 f.
Thesaurus Antiquitatum sacro-profanarum Auctore Staccho, in-folio. fig. 21 l.
Cabinet Romain, ou Recueil d'Antiquités Romaines, avec les explications de M. de la Chausse, *in-fol.* 21 l.
Hist. des Révolutions Romaines, 3 v. *in-12.* 7 l. 10 f. ⎫
—— Des Révolutions de Suede, 2 *vol. in 12.* 5 l. ⎪ *Par*
—— Des Révolutions de Portugal, *in-12.* 2 l. 10 f. ⎬ *Vertot.*
—— De Malthe, 7 vol. *in-12.* 1771. 17 l. 10 f. ⎭
—— De Scipion l'Africain & d'Epaminondas, par M. l'Abbé Seran de la Tour, *in-12.* 3 l.
—— De Catilina, tirée de Plutarque, de Cicéron, de Dion, de Salluste, & des autres Historiens de l'Antiquité, *in-12.* 2 l. 10 f.
Vie de Cicéron, par M. l'Abbé Prévôt, 4 *vol. in 12.* 12 l.
Histoire de Théodose le Grand, par Fléchier, *in-12.* 50 f.
Histoire d'Henri VII, Roi d'Angleterre, surnommé le Sage & le Salomon d'Angleterre, par M. de Marsolier, *in-12.* 1765. 2 l. 10 f.
Histoire de Charles XII, par M. de Voltaire, *in-12.* 2 l. 10 f.
—— Des Révolutions d'Angleterre, par le P. d'Orléans, 4 *vol. in-12.* 1767. 12 l.
Clef du Cabinet des Princes. 50 *vol. in-8°.* 100 l.
Lettres historiques de l'Europe, depuis Mai 1721 jusqu'en Mai 1728. 12 *vol. in-12.* 24 l.
Lettres Historiques, contenant ce qui s'est passé de plus particulier dans toutes les Cours de l'Europe, depuis Janvier 1692 jusqu'en Mai 1728. 74 vol. *in-12.* 150 l.
Mémoires pour servir à l'Histoire du Congrès de Cambray, où l'on voit l'examen des difficultés qui en ont retardé l'ouverture par rapport aux investitures d'Italie. *in-4°.* 9 l.
Mémoires & Lettres sur les Négociations de Gertruydemberg. 2 *vol. in-8°.* 1712. 10 l.

Dissertation historique & critique sur le prétendu Cartel ou Lettre de Défi envoyée par Charles-Louis, Electeur Palatin, au Vicomte de Turenne, *in-*12. 1767. *broch.* 1 l. 10 f.

Abregé de l'Histoire grecque, *in-*12. nouv. édit. 1774. 3 l.

Eléments de l'Histoire de France, par M. l'Abbé Millot, 3 vol. *in-*12. 7 l. 10 f.

—— De l'Hist. d'Angleterre, par le même, 3 vol. *in-*12. 9 l.

—— D'Histoire générale, 9 vol. *in-*12. 27 l.

Instruction sur l'Histoire de France & Romaine, par le Ragois. On y a ajoûté un Abrégé des Métamorphoses d'Ovide; de l'Histoire poétique; de la Géographie; & une Chronique de nos Rois en vers; le tout en faveur de la Jeunesse, nouvelle édition augmentée jusqu'au Sacre de Louis XVI, *in-*12. 1778. 3 l.

BELLES-LETTRES, SCIENCES ET ARTS.

Mélanges de Littérature, d'Histoire & de Philosophie, par M. d'Alembert, quatrieme édition. 5 vol. in-12. 13 l.

De Aurelii Sulpicii Antonini Numismatis Dissertatio Trilinguis, in-8°. 1757. broch. 1 l. 10 s.

Dissertation sur l'Origine, les Attributs & le Culte du Dieu Sérapis, in-8°. broché, 1760. 1 l. 10 s.

— sur l'Ecriture Hiéroglyphique, in-12. br. 1762. 1 l. 4 s.

Montfaucon Bibliotheca Coisliniana, olim Seguriana, sive Manuscriptorum omnium Græcorum quæ in ea continentur, accurata descriptio. in-folio. 18 l.

République des Lettres, par Bayle. 56 vol. in-12. 108 l.

— Critique de la même. 15 vol. in-12. 30 l.

Mémoires Littéraires de la Grande-Bretagne, par la Roche, Auteur de la Bibliothéque Angloise. 16 v. in-12. 30 l.

Philosophia ad usum Scholarum accommodata, Auctore Seguy, in studii Parisiensis Universitate Philosophiæ Professore, nova editio aucta & emendata, 5 vol. in-12. 1771. fig. 15 l.

Philosophia Dagoumer, nova Editio, 6 vol. in-12. 1757. 15 l.

Rohaulti Physica cum annot. Newtonii & Clarke. in-8°. 6 l.

Physique de Perrault. 2 vol. in-4°. 18 l.

Théologie des Insectes, par Lyonnet. 2 vol. in-8°. fig. 10 l.

Analyse démontrée, ou la Méthode de résoudre les problèmes des Mathématiques, & d'apprendre facilement ces sciences, par le P. Reyneau de l'Oratoire, seconde édition, augmentée des Remarques de M. de Varignon, in-4°. 2 vol. 20 l.

— Du même, la Science du Calcul des Grandeurs en général, ou les Eléments des Mathématiques, seconde édition, in-4. 2 vol. 20 l.

Arithmétique, de Barême, in-12. 2 l. 10 s.

Calendrier perpétuel, contenant les Années Grégoriennes & Juliennes, par M. Sauveur. in-fol. 15 l.

Geométrie de M. Gallimart, in-12. br. 2 l.

Maniere de bâtir pour toutes sortes de personnes, par le Muet, in fol. avec beaucoup de planches. 18 l.

Parallele de l'Architecture antique & moderne, par Chambray, in-fol. 18 l.

Jo. Danielis Schoepflini Vindiciæ typographicæ, Argentorati, in-4°. broché, 1760. 9 l.

Manuel Typographique, utile aux Gens de Lettres, & à ceux qui exercent les différentes parties de l'Art de l'Imprimerie, par M. Fournier le jeune, 2 vol. *in-8°. broché.* 9 l.

Essai sur les Moulins à soie & description d'un Moulin propre à servir seul à l'organsinage & à toutes les opérations du tors de la soie, par M. le Payen, *in-4°. broché.* 1767. 9 l.

Méthode raisonnée du Blason ou de l'Art Héraldique du P. Menestrier, mise dans un meilleur ordre & augmentée de toutes les connoissances relatives à cette Science, *in-8°.* 6 l.

Pensées ingénieuses du P. Bouhours, *in-12.* 2 l. 10 s.

— Du même, la maniere de bien penser dans les ouvrages d'esprit, *in-12.* 2 l. 10 s.

— Du même, Entretiens d'Ariste & d'Eugene, *in-12.* 50 s.

Sentimens de Cléante, sur les Entretiens d'Ariste & d'Eugene, par Barbier d'Aucour, de l'Acad. franç. *in-12.* 1776. 2 l. 10 s.

Oraison funèbre de Madame de Thimbronne de Valence, Abbesse de Fontevrault, *in-4°.* 1766. 1 l. 10 s.

Œuvres mêlées de Madame de Montégut, Maîtresse des Jeux Floraux de Toulouse, 2 vol. *in-8°. brochés.* 1768. 6 l.

Œuvres de Rapin, contenant les comparaisons des grands hommes de l'Antiquité qui ont excellé dans les Belles-Lettres ; les reflexions sur l'Eloquence, la Poétique, l'Histoire & la Philosophie, *in-12. Sous presse.*

Lettres de Balzac, 1 vol. *in-12.* Elzevir. 3 l.

Magazin des Enfans, ou Dialogues d'une Sage Gouvernante avec ses Eleves, par Madame le Prince de Beaumont, 2 vol. *in-12.* 5 l.

— *Du même Auteur*, Magazin des Adolescentes, *in-12.* 2 vol. 5 l.

Amours de Daphnis & Chloé. *in-8°.* fig. *relié en veau doré sur tranche.* 6 l.

— De Théagene & Chariclée. 2 vol. *in-8°.* fig. 9 l.

— Le même, 2 vol. *in-12.* fig. 5 l.

— D'Ismene & d'Ismenias. *in-8°. veau doré.* fig. 4 l. 10 s.

Le Doyen de Killerine, par M. l'Abbé Prevost, *in-12.* 6 parties, broché, 1771. 9 l. 12 s.

Les Aventures de Télémaque, avec figures nouvellement gravées, 2 vol. *in-12.* en veau. 1775. 6 l.

Recueil de Chansons choisies & notées, 10 *vol. in-12.* 30 l.

De la Philosophie, par M. Beguin, Professeur de Philosophie, au College de Louis le Grand, *in-8.* 1773. Tome I. broché, *fig.* 1 l. 16 s.

—— *Par le même*, Tome II, *in-8°. broché.* 1776. 3 l.
Du Calcul infinitésimal, ou de la Géométrie des Courbes, pour servir de Supplément au Tome premier de la Philosophie, par M. Beguin, *in.*8°. 1774. broché. 1 l. 10 f.
Les Caracteres de Théophraste & de la Bruyere, nouvelle édition, 2 vol. *in-*12. 6 l.
—— Les mêmes, 2 vol. *in-*12. p. p. 5 l.
Paruta Sicilia Numismatica studio Havercampi, in-folio, *Lugduni Batavorum*. 48 l.
Rocchi Pirri Sicilia Sacra, in-folio, *Lugduni Batav.* 18 l.
Splendor Urbis Venetiarum, 2 vol. infol. 36 l.
Considérations sur les Causes de la grandeur des Romains, & de leur décadence, par Montesquieu. 2 l. 10 f.
Œuvres Posthumes de M. Pothier, Traités des Fiefs, Censives, Relevoisons & Champarts, 2 vol. *in-*12. 1776. 6 l.
Les Aventures de Joseph Thompson, trad. de l'Anglois, 3 vol. *in-*12. br. 5 l.
Amélie, Histoire angloise, trad. de Fielding, 4 v. *in-*12. br. 6 l.
Atlas, & Tables élémentaires de géographie, ancienne & moderne, adopté par plusieurs Ecoles Royales Militaires, nouvelle édit. *in-* 8. avec Cartes enluminées, 1777. 4 l. 4 f.
Logica seu ars cogitandi ad publicum scholarum usum accommodata, operâ & studio Martinet, nova editio correctior & locupletior, in-12. broché. 2 l. 10 f.
Lettres de Madame de Sévigné, 8 vol. *in-*12. p. p. 18 l.

LIVRES

A l'usage des Colleges & des Pensions.

A

Accentus Græci. *in-*12. a P. Labbe.   1 l. 10 f.
Æliani variæ Historiæ, *in-*24.   15 f.
Amaltheum Prosodicum, sive brevis & accurata vocum omnium Prosodia a P. Pomey. *in-*24.   1 l. 4 f.
—— Idem Poëticum & Historicum. *in-*24.   1 l. 4 f.
Analogie des genres, des préterits & des supins, par M. Valart, in-12.   8 f.
Appendix de Diis & Heroïbus Poëticis cum notis gallicis à P. Juvencio. *in-*24. 1769.   15 f.
—— *Le même, en françois.* in-12.   1 l. 4 f.
Aurelius Victor. *in-*24.   15 f.
—— *Le même, en françois.* in-24.   15 f.
—— *Le même, latin & françois,* in-24.   1 l. 10 f.
Abrégé de la nouvelle Méthode, par Port-Royal, *in-*12.   2 l.

B

Biblia Sacra. 1 *vol. in-*8°. 1773.   6 l.
—— Idem, 7 *vol. in-*24. *reliés en veau. Anvers.*   14 l.

C

Ciceronis Orationes quæ in Universitate Parisiensi vulgò explicantur, cum Notis ex optimis quibusque Commentatoribus selectis. Juxta accuratissimam D. Lallemand editionem, 3 *vol. in-*12. 1768.   7 l. 10 f.

    In primo volumine, *Orationes pro Roscio Amerino, in Q. Cæcilium Divinatio, in Verrem de Signis & Suppliciis, pro Lege Manilia, pro Cluentio Avito.*

    In secundo, *Orationes in Catilinam, pro Murena, pro Archia Poeta, pro Domo sua, pro Plancio, pro Sextio, in Pisonem.*

In tertio, *Orationes pro Milone, pro Marcello, pro Ligario, pro Dejotaro, in M. Antonium Philippica XIV.*
Les volumes se vendent séparément 2 l. 10 s.

—— Orationes omnes. 3 vol. *in-24.*   4 l. 10 s.
—— Epistol. Selectæ ad Atticum cum Not. 1762. *in-12.*   2 l.
—— Opera Philosophica, cum Notis, *in-12.* 1777   2 l. 10 s.
—— Eclogæ, quas in usum puerorum selegit, & Gallicas ex Latinis fecit Jos. Olivetus. *in-12.* 1769. *gros caract.* 1 l. 4 s.
—— Epistolæ selectæ libri quatuor. *in-12.* 1764.   12 s.
—— Ad familiares libri quatuor. *in-18.*   12 s.

Oraisons choisies de Cicéron, traduction revue par MM. d'Olivet & Wailly, avec le latin à côté, sur l'édition de M. l'Abbé Lallemant, avec des notes, nouvelle édit. retouchée avec soin, 4 vol. in-12. 1778.   12 l.

Le premier volume contient *les Oraisons pour S. Roscius Amerinus. Divination contre Q. Cecilius, contre Verrès, touchant les Statues & les Supplices.*

Le second, *pour la Loi Manilia, pour Murena, pour le Poëte Archias, pour sa Maison, contre Pison.*

Le troisieme, *pour Milon, pour le Roi Dejotarus, pour Marcellus, pour Ligarius, premiere & seconde Philippique.*

Le quatrieme, *les quatre Catilinaires, auxquelles on a joint les Philippiques de Démosthene.*

(Chaque vol. se vend séparément, 3 l.)

—— *Les Livres de la Vieillesse, de l'Amitié, les Paradoxes, le Songe de Scipion,* traduits par M. Debarrett, lat. & franç. quatrieme édit. augmentée de la Lettre Politique à Quintus. in-12. 1776.   2 l. 10 s.

—— Du même Auteur, *Les Offices,* traduct. revue sur les Textes les plus corrects, *troisieme édition*, in-12. 1776.   2 l. 10 s.

Pensées de Cicéron, trad. par M. l'Abbé d'Olivet, sixiéme édit. revue & augmentée, in-12. 1771.   2 l. 10 s.

—— Du même. *Philippiques de Démosthène, & Catilinaires de Cicéron,* 6ᵉ édition revue avec soin, in-12. 1771.   2 l. 10 s.

—— Du même. *Entretiens sur la Nature des Dieux,* nouv. edit. 2 vol. in-12. 1775.   5 l.

—— *Les Tusculanes de Cicéron,* traduites par MM. Bouhier & d'Olivet, quatrieme édition. 2 vol. in-12. 1776.   5 l.

Ciceronis Orat. in Catilinam cum not. *in-8°.* 1773. br. 15 s.

Cæsaris Commentaria. *in-18.*   1 l. 10 s.

—— *Le même,* franç. lat. 2 vol. in-12. nouv. édit. 1775. 6 l.

—— *Le même en franç.* 2 vol. in-12. Holl. fig.   7 l.

Cornelius Nepos, editio noviſſima, notis gallicis adornata, cum tabula geographica, *in-24.* 1772. 15 f.

—— *Le même, traduction nouvelle, avec des notes géographiques & hiſt. lat. & franç.* volume in-12. de 588 pag. 1771. 3 l.

Cornelius Tacitus, juxta accuratiſſimam D. Lallemand editionem, *in-12.* 1769. 2 l. 10 ſ.

—— *Le même*, in-24. Holl. 3 l.

Clenardi Grammatica Græca, a P. Labbe. *in-12.* 1 l. 4 ſ.

Catéchiſme de Canisius, grec & latin, 8 ſ. Latin ſeul. 6 ſ. François ſeul. in-32. 6 ſ.

Coutumes & Cérémonies obſervées chez les Romains, pour faciliter l'intelligence des anciens Auteurs; ouvrage traduit du Latin, par l'Abbé Desfontaines, in-12. 1770. 2 l. 10 ſ.

D

Dictionnaire univerſel, françois & latin, tiré des meilleurs Auteurs, par le P. le Brun, troiſ. édit. in-4°. 1770. 15 l.

—— *François & Latin, dédié à Monseigneur le Dauphin, Ouvrage composé sur le modele du Dictionnaire de Boudot. nouvelle édition,* in-8°. 1775. 5 l. 10 ſ.

—— *De Danet, franç. lat.* in-4°. 15 l.

—— *Idem. lat. galli. in-4°.* 15 l.

Dictionarium lat. gall. Duci Burgundiæ dicatum. *in-4°.* 12 l.

—— *Du P. Gaudin, franç. lat.* in-4°. 9 l.

—— *Du P. Pomey, franç. lat.* in-4°. 9 l.

Le Petit Apparat Royal, nouvelle Edition conſidérablement augmentée, avec un Dictionn. géogr. in-8°. 1777. 3 l. 12 ſ.

Cornelii Schrevelii Lexicon Manuale Græco Latinum, in-8°. 1767. 7 l. 10 ſ.

—— Universale, ſeu Boudot. in-8°. 1778. 5 l. 10 ſ.

—— Novitius. *in-4°.* 2 vol. 18 l.

—— Gradus ad Parnaſſum. *in-8°.* 1775. 5 l.

—— Apparatus Latino-Græcus, cum interpretat. gallica ex Demoſthene, Iſocrate, &c. *in-4°.* 1754. 15 l.

Deſpautere de Behourt. in-8°. en 3 parties. 1 l. 10 ſ.

Deſpauterii Proſodia a P. Labbe. *in-12.* 1 l.

Délices de la Langue latine. in-24. 1761. 15 ſ.

E

Eutropius cum notis gallicis. *in*-24. 15 f.
Erasmi, Petrarchi, & Corderii selecta colloquia quibus adjectus est ejusdem Erasmi tractatus de civilitate morum Puerilium, cum notis gallicis, *in*-18. 1770. 12 f.
Élements de la Langue Grecque, *par M. le Roi, Professeur-Emérite de Rhétor. en l'Univ. de Paris*, in-8°. 1773. 18 f.
Epîtres & Evangiles avec réflexions ; l'Ordinaire de la Messe, & Vêpres du Dimanche, in-18. 1777. 15 f.

F

Florus cum notis Gaüllyer, *in*-12. 1 l. 4 f.
—— *Le même, trad. par M. l'Abbé Paul*, in-12. 1774. 3 l.
Flos Latinitatis, ex Auctorum Latinæ Linguæ Principum monumentis excerptus, à P. Pomey, *in*-12. 2 l.
Faciliores Linguæ Græcæ Institutiones. *in*-12. 16 f.
Faciles Aditus ad Linguam Latinam, seu excerpta quædam ex Colloquiis Mathur. Corderii & Apophtegmata Erasmi accesserunt amœnæ Fabellæ : Opuscula elementaria in gratiam puerorum in Sexta auditorum, *in*-12. 1767. 1 l. 4 f.

G

Grammaire Grecque de Clenard, *nouvelle édition, retouchée par un Professeur de l'Université*, in-8°. 1771. 1 l. 4 f.
Grammaire Françoise de M. de Wailly, *huitieme édition*, in-12. 1777. 2 l. 10 f.
—— *Abrégé de la même*, in-12. *huitieme édition.* 1777. 1 l. 4 f.
Grammaire Latine du même, in-12. 1777. *en trois part.* 1 l. 16 f.
Grammaticæ Poëticæ Græcæ Libri tres, a Patre Labbe. *in*-18. 1 l. 10 f.
Gibert *Rhetorica*, in-12. 1776. 1 l. 10 f.

H

Horatius cum interpret. notis & appendice P. Juvencii. 2 vol. *in*-12. 5 l.
—— Idem cum notis & appendice. *in*-12. 1774. 2 l. 10 f.
—— *Le même, traduit par le P. Sanadon.* 8 vol. in-12. 20 l.
—— *Le même, en* 3 vol. in-12. latin & franç. 7 l. 10 f.
—— *Le même, en* 2 vol. in-12. latin & franç. 5 l.
Histoire Poétique, *par Gautruche, nouvelle édition, in*-18. 1 l. 4 f.

I

THomæ à Kempis, de Imitatione Christi, Libri quatuor, *in*-24. cum figuris. 1 l. 10 f.
De Imitatione Christi, libri quatuor, ad manuscriptorum ac primarum editionum fidem castigati, &c. *in*-24. 1773. 15 f.
——*La même, traduite en françois, par M. Valart*, in-24. *nouvelle édition, avec cadres.* 1775. 15 f.
Juvenalis & Persii Satyræ, cum Interpret. ac notis & Append. à P. Juvencio, *in*-12. 1771. 2 l. 10 f.
——Idem cum interpret. ac notis Rodellii. *in*-12. 2 l.
——*Le même, trad. par le P. Tarteron, lat. fr.* in-12. 2 l. 10 f.
Justinus cum notis variorum, 2 vol. *in*-12. 4 l.
——Idem, cum excerptionibus Chronologicis ad usum Scholarum, nova editio expurgata, *in*-24. 1776. 1 l. 5 f.
——*Le même, traduit par M. l'Abbé Paul, lat. & franç. avec des notes critiques, historiques & géographiques*, 2 vol. in-12. 1774. 5 l.

M

Manuel des Grammairiens, *nouvelle édition, augmentée & retouchée.* in-12. 1777. 2 l. 10 f.
Maximes tirées de l'Ecriture Sainte. in-32. 1767. 12 f.
—— De la Concorde. in-24. 1771. 18 f.

N

Novum J. C. Testamentum, *in*-24. 1 l. 10 f.
—— cum notis, 1 *vol. in*-24. 1772. 2 l.
—— *Le même traduit en franç. par Valart*, in-24. 1 l. 10 f.
Nouveau choix des Fables d'Esope, avec la version latine & l'explication des mots en françois, par M. le Roy, troisiéme édition, revue & corrigée, in-8°. 1778. 1 l. 4 f.
Nouvelle Méthode abrégée, contenant une Explication claire & facile des Particules & des différentes manieres de parler, nouvelle édition, revue, corrigée, augmentée de phrases tirées de Cicéron, d'un petit Abrégé de plusieurs verbes & leurs régimes, in-12. 12 f.

O

Ovidii Metamorphoseon Libri XV. cum notis gallicis & appendice, ad usum scholarum, *in*-12. 1771. 2 l. 10 f.
—— *Le même, lat. & franç. nouvelle édition*, 2 vol. in-12. 1777. 5 l.
—— Tristium, Lib. I, II, III. cum notis, *in*-8. broché. 15 f
Orationes ex Sallustii, T. Livii, Q. Curtii, & Taciti Historiis collectæ, ad usum Scholarum Universitatis Parif. *in*-12. 2 l.

Harangues choisies des Historiens Latins, Salluste, Tite-Live, Tacite & Quinte-Curce, traduction nouvelle plus ample que les précédentes, 2 vol. *in*-12. 1778.   5 l.
Ovidii selectæ Fabulæ, cum notis, *in*-8°.   8 f.
—— Les mêmes, lat. franç. in-8°. broch.   1 l. 4 f.

P

PHædri Fabulæ, Syri Sententiæ, Faerni Fabulæ, cum notis Gallicis. *in*-12. 1771.   15 f.
Fables de Phedre en latin, avec des notes, des éclaircissemens, & un petit Dictionnaire à la fin, à l'usage des Commençans, par M. Bourgeois, Professeur au Collége de Louis le Grand, nouvelle édition, in-12. 1778.   1 l. 4 f.
—— *Les mêmes, trad. en françois, augmentées de huit Fables qui ne sont pas dans les édit. précédentes, avec des Remarques, lat. & franç.* in-12. 1776.   2 l. 10 f.
Principes de la Langue Latine, mis dans un ordre plus clair, plus étendu, & plus exact; à l'usage des principaux Colleges de l'Université de Paris, dixieme édition, refondue entièrement par M. de Wailly, Auteur de la Grammaire Françoise, in-12. trois parties, 1777.   1 l. 16 f.
Plinii Epistolæ & Panegyricus Trajano dictus, recensuit J. N. Lallemand, nova editio, *in*-12. 1769. veau doré. 4 l.
—— Les mêmes, trad. par Sacy, 2 vol. *in*-12.   1773. 4 l.
Plinii Panegyricus *tantum, in*-24.   15 f.
—— Le même, traduit par M. de Sacy, in-12. 1772. 2 l.
Præceptiones Rhetoricæ, ex præstantissimis dicendi Magistris excerptæ, & variis exemplis illustratæ, *in*-12. nova editio aucta & emendata. 1771.   1 l. 10 f.
*Prosodie Latine, ou Méthode pour apprendre les Principes de la Quantité & de la Poésie Latine, à l'usage de la Jeunesse, par M. l'Abbé *** , Associé de l'Académie Royale des Sciences, Inscriptions & Belles-Lettres de Châlons-sur-Marne*, in-8. 1773. *nouv. edition*.   15 f.
Principes généraux tirés des Eléments de la Langue Grecque, par M. le Roi, Professeur Emérite de Rhétorique en l'Université de Paris, in-8°. 1773.   2 l. 10 f.

Q

QUantité du petit Behourt, ou du nouveau Despautere, *nouvelle edition corrigée & augmentée de quatre nomenclatures en vers latins, tirées du Traité de Prosodie Latine du P. Masenius, qui renferment les mots dont la quantité est plus difficile à trouver*. in-8°. 1770.   15 f.

Quintus Curtius, cum notis. *in*-24. 1 l. 5 f.
—— *Le même traduit par Vaugelas, avec le latin à côté*, 2 *vol*. *in*-12. 1772. 6 l.
Quintilien, de l'Institution de l'Orateur, traduit par M. l'Abbé Gédoyn, de l'Académie Françoise. 4 vol. *in*-12. 1770. 12 l.

S

Salluſtius cum notis Gallicis. *in*-24. 1778. 1 l.
—— *Le même, traduit par M. Beauzée*, in-12. 1775. 2 l. 10 f.
Statius. *in*-18. 1 l. 10 f.
Silius Italicus. *in*-18. 1 l. 10 f.
Semaine Sainte, *à l'uſage de Rome & de Paris*, en latin, in-24. 1 l. 4 f.
Selecta è Novo Teſtamento Hiſtoria, ex Eraſmi paraphraſibus deſumpta, opuſculum Elementarium, in gratiam tyronum, in-12. 1774. quarta Editio. 1 l.
—— Le même, traduit par M. de Wailly, *in*-12. 1775. latin & françois. 2 l.
Selecta e Cicerone præcepta, *in*-18. 1772. 15 f.
Selecti Pſalmi Davidici, cum argumentis & notis, ad uſum Candidatorum Rhetoricæ, *in*-12. 1770. 1 l. 4 f.

T

Titus Livius cum notis Crevier, 6 vol. *in*-12. 1768. 18 l.
—— *Le même, traduit par Guerin*, 10 vol. in-12. 1772. 30 l.
Terentius cum notis Juvencii. *in*-12. 1777. 2 l. 10 f.
—— *Le même, traduit par Madame Dacier, nouvelle édition avec figures*, 3 vol. in 12. 1768. 9 l.
Turſellini Lauretanæ Hiſt. Libri quinque. *in*-18. 18 f.

V

Virgilius cum interpretat. ac notis & indice. *in*-4°. 15 l.
—— Idem, 3 vol. *in*-12. 1775. 7 l. 10 f.
—— Idem cum notis tantum, *in*-12. 1778. 2 l. 10 f.
—— Idem ex editione Heinſii, Holl. *in*-12. 2 l. 10 f.
—— Idem, *in*-24. 1 l. 4 f.
—— *Le même, latin & franç. trad. par Catrou*. 4 vol. *in*-12. avec figures. 10 l.
Velleius Paterculus, *in*-24. 15 f.
Le même, lat. & franç. trad. par M. Doujat. in-12. 2 l. 10 f.
—— *Le même, traduit avec le texte Latin, des notes critiques & hiſtor. une table géogr. par M. l'Abbé Paul*, in-12. 1769. 3 l.

CATALOGUE

De différents Traités des Auteurs Grecs & Latins, en grandes feuilles in-4°.

A l'usage des Colléges & des Pensions.

EX HOMERO.

Homeri Iliados, Liber I, tout gr. *in*-4°.
—— Liber II, gr. & lat. *in*-8°.
—— *Idem*, tout gr. *in*-4°.
—— Lib. IV, gr. *in*-4°.
—— Lib. XI, gr. *in*-4°.
—— Lib. XVII, gr. *in*-4°.
—— Lib. XVIII, gr. *in*-4°.
—— Odyssea, Lib. XII, gr. *in*-4°.
Homeri selecti loci, gr. & lat. cum notis, *in*-4°.
—— Batrachomyomachia, gr. *in*-4°.
—— Hymni in Apollinem. gr. *in*-4°.

EX ISOCRATE.

Isocratis ad Nicoclem oratio de Regno, gr. & lat. *in*-8°.
—— *Le même, tout grec*, in 8°. 1767. *gros Caractere.* 8 s.
—— Nicocles, de civium erga regem officiis, *in*-8°. 1768. 8 s.
—— Ad Demonicum, *tout grec*, in-8°. 1766. *gros Caractere.* 4 s.
—— Panegyrica oratio, gr. & lat. *in*-8°.
—— Ad Philippum, lat. & gr. *in*-8°.
—— Busiridis laudatio, gr. *in*-4°.
—— Archidamus, gr. *in*-4°.
—— Amartyros, gr. *in*-4°.
—— Evagoras, sive Evagoræ laudatio, *in*-8°. 1769. gr. *Car.* 8 s.

EX DEMOSTHENE.

Demosthenis in Philippum Orat. I, II, III, IV, gr. *in*-4°.
— De Corona, gr. & lat. *in*-8°.
— Olynthiaca prima, gr. *in*-4°.
— Epistolæ sex, gr. *in* 4°.
— Oratio suasoria de Republica ordinanda, gr. *in*-4°.

EX LUCIANO.

Luciani mortuorum dialogi græci selecti, cum interpretat.
   latina & grammatica singularum vocum explanatione, *in*-12.
— *Les mêmes, tout grecs*, in 4°.
— Gallus, gr. *in*-4°.
— Judicium vocalium, gr. *in*-4°.

EX XENOPHONTE.

Xenophontis Atheniensium Respublica, gr. *in*-4°.
— Oratio pro Rege Agesilao, gr. *in*-4°.
— Cyropædiæ, Liber primus, gr. *in*-8. 1774. gros *Caractere*.

EX PLUTARCHO.

Plutarchus, gr. *in*-4°.
— De Curiositate, gr. *in*-4°.
Apophtegmata Regum & Imperatorum, gr. *in*-8°. gros.
   Caractere, 1775.   8 f.
— Vita C. Marii, gr. *in*-8°. 1769. gros *Caractere*.   1 l. 4 f.
—   Syllæ, gr. *in*-8. 1767. gros *Caractere*.   1 l. 4 f.
—   Sertorii, *in*-8. 1768. gros *Caractere*.   15 f.
—   Demosthenis, *in*-8°.   15 f.
—   Ciceronis, *in*-8°.   15 f.

EX VARIIS AUCTORIBUS.

Callimachi Hymnus in Jovem, gr. *in*-4°.
— *Idem* in Apollinem, gr. *in*-4°.

Ciceronis Paradoxa, gr. & lat. *in*-8°.   } à P. Petavio.
— De Amicitia, gr. & lat. *in*-8°.

Pindari Olympia, gr. *in-4°*.
Philo de Virtutibus, gr. *in-4°*.
Basilii Epistolæ, gr. & lat. *in-8°*.
Aristidis in Romam oratio, gr. *in-4°*.
Æliani variæ Historiæ, Lib. I, II.
Evangelium Græcum secundùm Lucam, *in-8°. gros caractere*,
   1771.   1 l. 4 f.
Acta Apostolorum capitulis distincta, *in-8°. gros caractere*.
   1771.   1 l. 4 f.

EX CICERONE.

Ciceronis Epistolæ selectæ, Lib. I, III, *in-4°*.
—— Ad familiares, Lib. 1, II, III, IV, VII, VIII, IX, XIV, *in-4°*.
—— *Les quatre premiers Livres des mêmes*, in-12.
—— Ad Q. fratrem, Lib. I, *in-4°*.
—— De Senectute, *in-4°*.
—— De Amicitiâ, *in-4°*.
—— Paradoxa, *in-4°*.
—— Somnium Scipionis, *in-4°*.
—— *Idem* cum notis Marsi, *in-12*.
—— De Officiis, Lib. I, III. *in-4°*.
Orat. pro Ligario, *in-4°*.
—— Pro Archia Poeta, *in-4°*.
—— Pro Rege Dejotaro, *in-4°*.
—— In Catilinam, I, II, III, IV; cum notis, *in-8° br.* 1773. 1 5 f.
—— Pro Murena, *in-4°*.
—— Pro Marcello, *in-4°*.
—— Pro Lege Manilia, *in-4°*.
—— In Pisonem, *in-4°*.
—— Pro Sextio, *in-4°*.
—— Pro Milone, *in-4°*.
—— Pro Roscio Amerino, *in-4°*.
—— Pro Rabirio Posthumo, *in-4°*.
—— Pro Rabirio perduellionis reo, *in-4°*.
—— In Verrem de Suppliciis, *in-4°*.
———— de Signis, *in-4°*.
—— Philippica, I, III, XII, XIV, *in-4°*.
—— De Provinciis Consularibus, *in-4°*.
—— Pro Quinctio, *in-4°*.
—— Pro Cœlio, *in-4°*.

EX VIRGILIO.

Virgilii Bucolica, *in-4°*.
— Georgicon, I, IV, *in-4°*.
— Æneidos, lib. I, II, usque ad undecimum, *in-4°*.

EX PHÆDRO.

Phædri fabularum, lib. I, II, III, IV, V, *in-4°*.

EX OVIDIO.

Ovidii Epistolæ ex libris e Ponto, *in-4°*.
— Tristium, Lib. I, II, III, cum notis, *in-8°*.   15 L
— Metamorphoseon, Liber, I, II, VII, XII, XIII, XIV.
Selectæ ex Ovidio Fabulæ; cum notis gallicis, *in-8°*. 1767.

FINIS.

NOUVEAUTÉS.

Vies des Peres, des Martyrs, & des autres principaux Saints, tirées des Actes originaux & des Monuments les plus authentiques; avec des Notes historiques & critiques trad. de l'Anglois, *in-8°*. 10 vol. 60 l.
—— Le Tome XI *sous presse.*

1772. Théâtre Lyrique de M. de la J. 2 vol. *in-8°*. broch. 9 l.

Œuvres de Boileau, avec des Eclaircissements historiques, donnés par lui même, & rédigés par Brossette, nouvelle édition augmentée par Saint-Marc, 5 vol. *in-8*. dorés sur tranche. avec fig. Amst. 36 l.

Phedon, ou Entretiens sur la spiritualité & l'immortalité de l'ame, *in 8*. broché. 3 l. 12 s.

1773. *Cicero de Officiis, cum fig.* édition proprement exécutée, dans le goût du *Cato Major* & du *De Amicitia*, dont il reste encore quelques Exemplaires, *in-32*. relié en maroquin. 6 l.

Phædri Fabulæ, L. Annæi Senecæ ac Publii Syri Sententiæ, *in 18*, maroquin. 6 l.

Introduction à la Syntaxe Latine de Clarke, nouv. édit. revue & augmentée d'un Vocabulaire, lat. & franç. par M. de Wailly. 2 l. 10 s.

Œuvres de Moliere, avec des Remarq. grammaticales, des avertissements & des observat. sur chaque piece, par M. Bret, 6 vol. *in-8* fig. doré sur tranche. 66 l.

1774. Histoire universelle de Justin, avec des notes critiques, historiques & géographiques, par M. l'Abbé Paul, 2 vol. *in-12*. lat. & franç. 5 l.

Dictionnaire portatif de la Langue Françoise, extrait du grand Dictionn. de Richelet, nouv. éd. entiérement refondue & considérablement augmentée, par M. de Wailly, 2 vol. *in-8*. 12 l.

Abregé de l'Histoire Romaine de Florus, trad. nouv. avec des Notes, par M. l'Abbé Paul, *in-12*. 3 l.

1775. Lettres de Cicéron à Atticus, trad. par l'Abbé Mongault, de l'Académie Françoise, 4 vol. *in-12*. 12 l.

Etudes lyrique d'après Horace, par M. de Reganhac, *in-8°*. broché. 2 l. 10 s.

Entretiens de Cicéron sur la nature des Dieux, trad. par l'Abbé d'Olivet, 2 vol. *in-12*. 5 l.

Les Fables de la Fontaine, traduites en lat. par le P. Giraud, 2 vol. *in-8°*. 10 l.
Les mêmes, 2 vol. *in-12*. 4 l. 10 f.
Les Commentaires de César, lat. & fr. nouv. édit. retouchée par M. De Wailly, 2 vol. *in-12*. 6 l.
1776. Analyse des Traités des Bienfaits & de la Clémence, de Sénèque, en latin & en françois, précédée d'une Vie de ce Philosophe, *in-12*, même format des Auteurs Latins, & faisant le 59e vol. de la Collection. 4 l.
Hist. de l'Empereur Jovien, par la Bletterie, *in-12*. 3 l.
Sentimens de Cléante, sur les Entretiens d'Ariste & d'Eugene, par Barbier d'Aucour, de l'Académie Françoise, *in-12*. 2 l. 10 f.
Tusculanes de Cicéron, trad. par Bouhier & d'Olivet, 2 vol. *in-12*. 5 l.
Les Offices de Cicéron, avec le latin revu sur les textes les plus corrects, par M. Debarrett, troisieme édit. retouchée avec soin, *in-12*. 2 l. 10 f.
Par le même. Les Livres de Cicéron, de la Vieillesse, de l'Amitié, les Paradoxes, le Songe de Scipion, quatrieme édition, augmentée de la Lettre politique à Quintus, *in-12*. 2 l. 10 f.
Poésies de Malherbe, *in-8°*. veau doré sur tranche, 6 l.
Les A-propos de Société, ou Chansons de M. L.... 3 vol. *in-8°*. brochés, belle impression. 24 l.
L'Iliade d'Homere, nouvelle traduction, 2 vol. *in-12*. reliés. 6 l.
1777. *Velleius Paterculus & Florus*, in-12, veau doré, *format des Auteurs Latins*. 6 l.
Même format, *Moria Encomium ab Erasmo, & Mor. Utopia*, veau doré. 6 l.
Atlas & Tables Elémentaires de Géographie, ancienne & moderne, adoptées par plusieurs Ecoles Royales Militaires, nouv. édit. *in-8°*. Les Cartes sont enluminées. 4 l. 4 f.
Principes généraux & particuliers de la Langue françoise, confirmés par des Exemples choisis, instructifs, agréables, & tirés de bons Auteurs, par M. de Wailly, 8e édition, *in-12*. 2 l. 10 f.
Les mêmes, en abregé, huitième édit. *in-12*. 1 l. 4 f.
Par le même, Principes de la Langue Lat. 10 édit. 36 f.

1777. Métamorphoses d'Ovide, nouvelle édition retouchée, 2 vol. in-12. lat. & franç. 5 l.
Selecta Ciceronis Opera Philosophica numeris & capitibus ad usum scholarum distincta, notisque illustrata, juxta accuratissimam Lallemand edit. in-12. 50 f.
1778. Harangues choisies des Historiens Latins, Salluste, Tite-Live, Tacite, & Quinte-Curce, traduction nouvelle plus ample que les précédentes, 2 vol. in-12. lat. & franç. 5 l.
Ratio discendi & docendi à P. Juvencio, format des Auteurs Latins.
Ruæi Virgilius cum notis tantum, in-12. 2 L. 10 f.
Œuvres de Moliere, nouvelle édit. avec des Remarques grammaticales, & des Observations sur chaque piece, par M. Bret, 8 vol. in-12. 16 l.
Instruction sur l'Histoire de France & Romaine, par le Ragois, nouv. édit. augmentée d'une Chronique de nos Rois en vers, & jusqu'au Couronnement de Louis XVI. inclusivement, in-12. 3 l.
Traité des Maladies du Cœur, par M. de Senac, in-12. 6 l.
Dictionnaire de l'Académie Françoise, nouvelle édition, 2 vol. in-4°. 36 l.
1779. Plinii Historiæ Naturalis Libri XXXVII, quos recensuit & Notis illustravit Brotier, 6 vol. in-12. format des Aut. Lat. 36 l.

Sous Presse.

Racines de la Langue Latine, in-8°.
Oraisons choisies de Cicéron, 4 vol. in-12. nouvelle édit. retouchée par M. de Wailly.

Livres provenans du fonds de M. Vincent.

Traité de la structure du Cœur, de son action & de ses maladies, par M. de Sénac, Conseiller d'Etat, premier Médecin du Roi, seconde édition corrigée & augmentée par l'Auteur, deux vol. in-4°. avec figures. 1777. 36 l.
Eraste ou l'Ami de la Jeunesse, par M. Filassier, in-8°. de près de mille pages, orné de Cartes géographiques. 6 l.
Dictionnaire portatif de Santé, 3 v. in-8°. 5e édit. 15 l.
Histoire poétique, tirée des Poëtes françois : on y a joint un Dictionnaire poétique, par M. l'Abbé Bertoud, troisième édition, in-12. p. p. 2 l.

www.ingramcontent.com/pod-product-compliance
Lightning Source LLC
LaVergne TN
LVHW051456090426
835512LV00010B/2167